U0812052

Qiche Guzhang Zhenduan Yu Zonghe Jiance

汽车故障诊断与综合检测

主编　孔庆荣　李臣华　赵玉田
副主编　冯吉涛　尹永福　房宏威
参编　王立波　孙佳峰　唐玉恕
主审　白秀秀

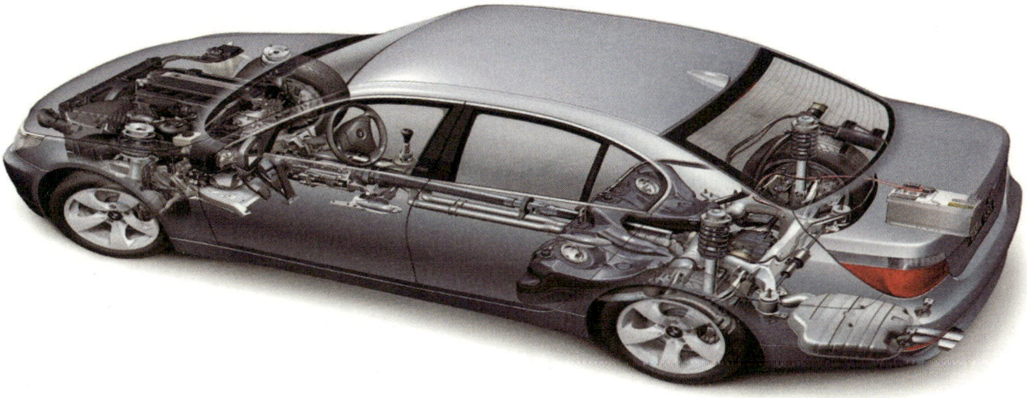

北京理工大学出版社
BEIJING INSTITUTE OF TECHNOLOGY PRESS

内容简介

本书采取项目式讲解，分为发动机典型故障诊断、传动系统典型故障诊断、转向及行驶系统典型故障诊断、制动系统典型故障诊断、电气系统典型故障诊断五个学习项目。每个学习项目内都含有丰富的学习资源，有助于学生对知识的理解和掌握。

本书内容丰富、实用性强，既可作为高等院校汽车专业的理实一体化教学教材，同时也可以作为汽车维修专业技术人员的培训教材和参考书。

图书在版编目（CIP）数据

汽车故障诊断与综合检测 / 孔庆荣，李臣华，赵玉田主编. —北京：北京理工大学出版社，2017.2

ISBN 978-7-5682-3737-6

Ⅰ. ①汽… Ⅱ. ①孔… ②李… ③赵… Ⅲ. ①汽车－故障诊断②汽车－故障检测 Ⅳ. ① U472.9

中国版本图书馆 CIP 数据核字 (2017) 第 038856 号

出版发行 / 北京理工大学出版社有限责任公司
社　　址 / 北京市海淀区中关村南大街 5 号
邮　　编 / 100081
电　　话 / （010）68914775（总编室）
（010）82562903（教材售后服务热线）
（010）68948351（其他图书服务热线）
网　　址 / http://www.bitpress.com.cn
经　　销 / 全国各地新华书店
印　　刷 / 保定市中画美凯印刷有限公司
开　　本 / 787 毫米 ×1092 毫米 1/16
印　　张 / 9.25　　责任编辑 / 孟雯雯
字　　数 / 218 千字　　文案编辑 / 多海鹏
版　　次 / 2017 年 2 月第 1 版 2017 年 2 月第 1 次印刷　　责任校对 / 周瑞红
定　　价 / 39.00 元　　责任印制 / 马振武

图书出现印装质量问题，请拨打售后服务热线，本社负责调换

Preface 前言

本书编写模式新颖，采用项目化设计、知识与技能融合的方式主要内容有以下几个方面。

1. 故障诊断思路

汽车故障诊断思路是诊断汽车故障的关键，通过基本诊断思路的展示，使学生能够对遇到的故障有系统的思考，充分调动学生的积极性，有助于学生对故障的理解和排除。

2. 开放式工单

采用开放式工单，让学生根据自己对故障的理解判断以及学习情况进行自主的填写，不拘束学生的诊断思路。

3. 增加汽车新技术

增加了四轮驱动、汽车主动悬架以及汽车 ESP 等新技术故障诊断，适应当前汽车技术发展的维修需求。

4. 完善的知识充电站

根据项目单元内容，具有完善的知识充电站。保留故障诊断所需最基本的知识要点，包括基本原理和检测方法。

5. 案例集锦

通过故障案例的添加，让学生对所学故障的理解更为深刻，有助于拓展学生的知识面，增强学生的诊断能力。

6. 二维码资源

二维码资源主要包括故障现象、知识点和案例集锦三个方面，视频与文档相结合，使学生能够自主选择学习内容，符合当前数字化教育的要求。

本书由孔庆荣、李臣华、赵玉田任主编，冯吉涛、尹永福、房宏威任副主编，王立波、孙佳峰、唐玉恕参编，本书由白秀秀主审。

由于时间仓促，加之水平有限，书中难免存在错漏之处，恳请读者批评指正。

编　者

Contents 目录

学习项目一　发动机典型故障诊断

学习单元 1　发动机不能正常起动故障诊断

工作任务	排除发动机不能正常起动故障	教学模式	任务驱动
建议学时	6 学时	教学地点	一体化实训室
任务描述	有一辆现代悦动轿车，当起动发动机时，只听到起动机声响，发动机没有起动征兆。作为维修技工，应当根据维修手册，正确使用故障诊断仪，参考相关资料排除故障，以恢复发动机正常工作状态，最终提出合理化使用建议，经检验合格后交付前台		故障现象
学习目标	1. 能够按照正确的操作规程进行故障诊断排除，树立良好的安全文明操作意识。 2. 能够根据维修手册和其他资源分析发动机不能起动的原因。 3. 能在规定时间内诊断发动机不能正常起动故障，排除并验证排除结果。 4. 能够主动获取信息，展示学习成果，对工作过程进行总结与反思，培养与他人进行有效沟通和团结协作的能力。 5. 能够为顾客正确使用、保养发动机提出合理化建议		
设备器材	现代悦动轿车 1 辆，工具车 1 台，诊断仪、万用表、蓄电池检测仪、真空表、气缸压力表、燃油压力表、点火正时灯各 1 套，悦动轿车维修手册 1 份，网络资源		

故障诊断思路

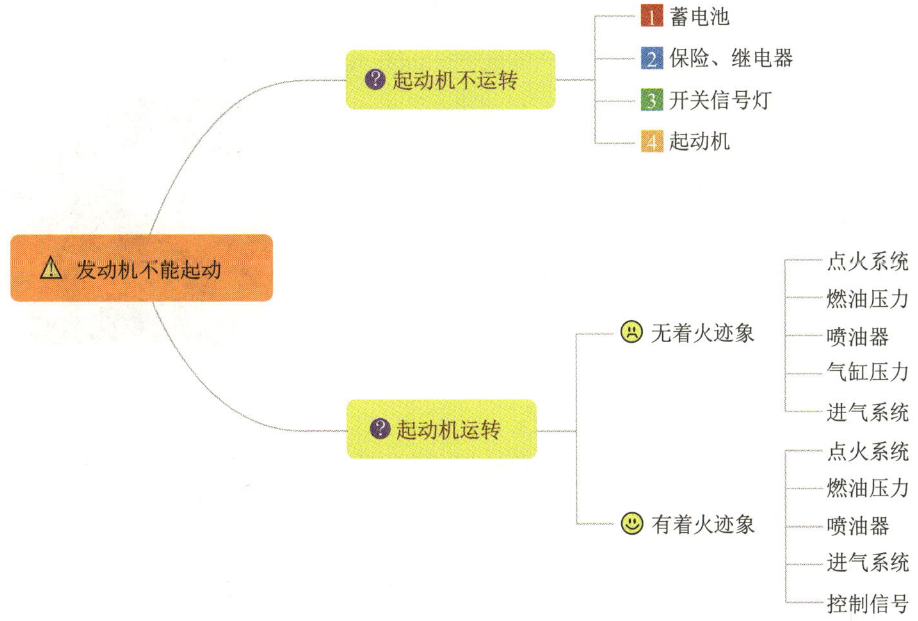

知识充电站

发动机不能起动原因	1. 蓄电池损坏、电量不足、连接不良等。 2. 起动机及其电路故障。 3. 燃油供给系统故障。 4. 点火系统故障。 5. 传感器或者 ECU 故障。 6. 机械故障	
蓄电池检测方法	利用智能蓄电池检测仪对蓄电池性能进行检测，并打印检测结果。若蓄电池性能不合格，及时更换。 **注意：用万用表测量蓄电池为 12 V 并不代表蓄电池具有良好的起动性能**	
起动系统相关检测方法	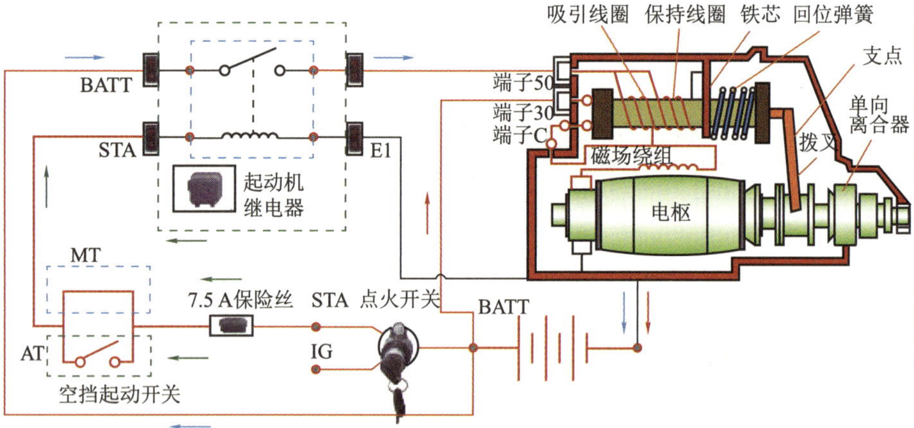	
	检测保险、继电器： 利用万用表检测相关保险、继电器。 **注意：尽量采用电压挡，就车检查。插拔保险、继电器时务必将点火开关关闭**	
	检测自动变速器空挡起动开关： 1. 松开空挡起动开关螺栓，将换挡操纵手柄放到 N 位置； 2. 将槽口对准空挡基准线，定住位置并拧紧空挡起动开关螺栓	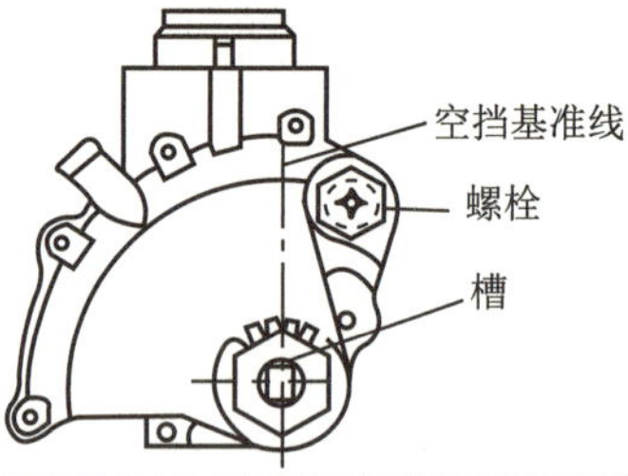

<table>
<tr><td rowspan="2">起动系统相关检测方法</td><td colspan="2">检测相关线路：
利用压降法检测断路或者短路</td></tr>
<tr><td colspan="2">检测起动机：
1. 蓄电池无电或电力微弱，于是出现起动机不能转动或转动缓慢的故障；
2. 起动机线头松动或脱落，开关或吸附开关失效；
3. 电刷磨损或刷面不正，弹簧无力，以致整流器接触不良；
4. 励磁线圈或电枢线圈短路和断路；
5. 整流器污损，云母片凸出，造成电刷与整流器接触不良</td></tr>
<tr><td>喷油器及其电路检测方法</td><td>1. 可采用听诊器检测；
2. 检测喷油器电阻，高阻型喷油器应为 12~16 Ω，低阻型喷油器应为 2~5 Ω；
3. 检测喷油器信号（测电笔）</td><td>
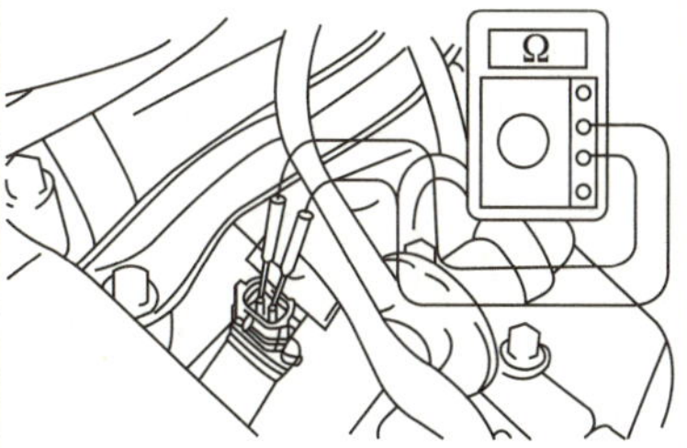</td></tr>
<tr><td rowspan="2">燃油压力检测</td><td>检测方法：
1. 卸压：先拔下燃油泵保险丝、继电器或油泵插头，再起动发动机，直至发动机自行熄火后，再次起动发动机 2 ～ 3 次，然后拆下蓄电池负极。
2. 安装燃油压力表：将燃油压力表串接在进油管中，带测压口的车辆将燃油压力表连接到测压口上，在拆卸油管时要用一块毛巾或棉布垫在油管接口下，防止燃油泄漏在地上。
3. 检测油压：静态油压、怠速油压、最大油压、剩余油压：
（1）静态油压：一般在 300 kPa 左右。
（2）怠速油压：正常值应为 200 ～ 300 kPa。
（3）最大油压：一般为正常工作油压的 2 ～ 3 倍。
（4）剩余油压：油管保持压力应大于 150 kPa</td><td>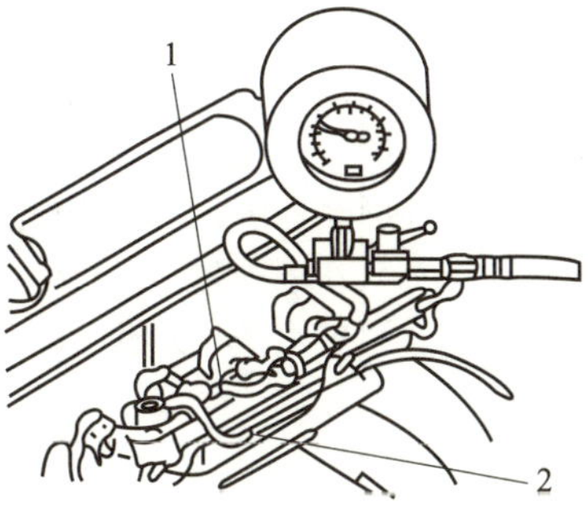
1. 进油管；2. 回油管</td></tr>
<tr><td colspan="2">油压分析：
油压表读数有油压为零、油压正常、油压过高和油压过低四种情况。
（1）若油压为零，先检查油箱存油量及油道是否严重外泄，燃油滤清器是否完全堵塞。排除可能后，油压依然为零，则需检查燃油系统的控制电路，如保险丝是否烧断、继电器是否不工作、油泵电路线束有否开路、油泵是否损坏等。</td></tr>
</table>

<table>
<tr><td rowspan="2">燃油压力检测</td><td colspan="2">（2）若油压过高，主要检查压力调节器顶部的真空管是否松脱或破裂漏气，或油压调节器回油管是否堵塞等。若燃油压力过低，或油泵停止工作 2 ~ 5 min 油压迅速下降，在排除油路向外泄漏的前提下，则为喷油器中有泄漏现象、燃油压力调节器故障、燃油滤清器堵塞、油泵故障</td></tr>
<tr><td colspan="2">注意：连接仪器前需要泄压，不同品牌车辆泄压方法请参考维修手册。
单位换算：1 MPa=1 000 kPa；1 bar=1 kg•cm^2=14.2 psi=100 kPa</td></tr>
<tr><td rowspan="2">气缸压力检测</td><td>1. 检测条件：
（1）蓄电池电力充足。
（2）用规定的力矩拧紧气缸盖螺栓。
（3）彻底清洗空气滤清器或更换。
（4）发动机达到正常的工作温度（水温 80℃ ~ 90℃，油温 70℃ ~ 90℃）。
（5）用起动机带动卸除全部火花塞的发动机运转，转速为 200 ~ 300 r/min（汽油车），或按原厂规定为 500 r/min（柴油车）。
2. 检测方法：
（1）先用压缩空气吹净火花塞周围脏物。
（2）拆下全部火花塞。对于汽油机还应把点火系统次级高压线拔下并可靠搭铁，以防止电击或着火。
（3）把专用气缸压力表的锥形橡皮头插在被测量气缸的火花塞孔内，扶正、压紧。
（4）将节气门置于全开位置，用起动机带动曲轴转动 3 ~ 5 s（不少于 4 个压缩行程），待压力表表针指示并保持最大压力读数后停止转动。
（5）取下压力表，记下读数。按下单向阀使压力表指针回零，按此法依次测量各缸，每缸测量次数不少于 2 次，每缸测量结果取算术平均值，与标准值相比较，分析结果，判断气缸工作状况。
3. 结果分析：
（1）若测得结果超出原厂标准，说明是由燃烧室内积炭过多、气缸垫过薄或缸体和缸盖结合平面经多次维修磨削过多造成。
（2）若测得的结果低于原厂标准，说明气缸密封性变差，可向该气缸火花塞孔内注入 20 ~ 30 mL 机油，然后用气缸压力表重测气缸压力</td><td>
气缸压力表
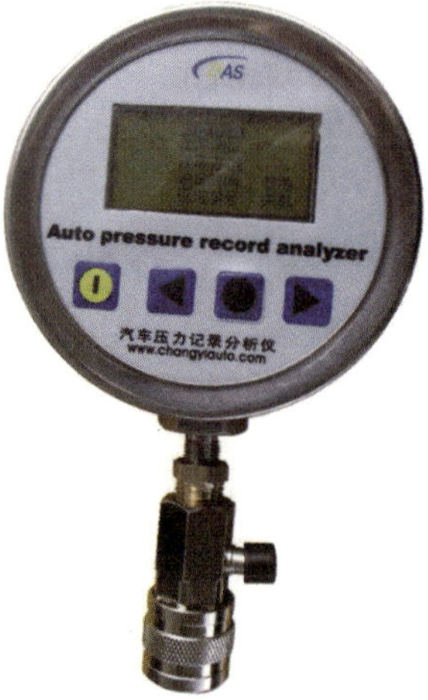

气缸压力记录分析仪
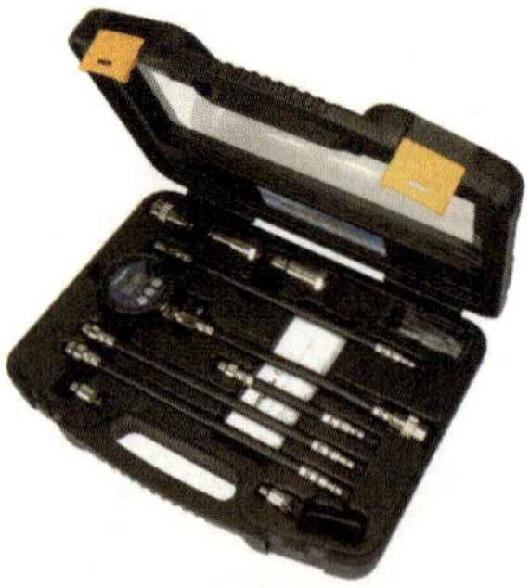
电子式气缸压力测试套装</td></tr>
<tr><td colspan="2">国家标准：在用汽车发动机各气缸压力不少于原设计标准的 85%；每气缸压力与各气缸平均压力差：汽油机不大于 8%，柴油机不大于 10%</td></tr>
</table>

曲轴位置传感器检测	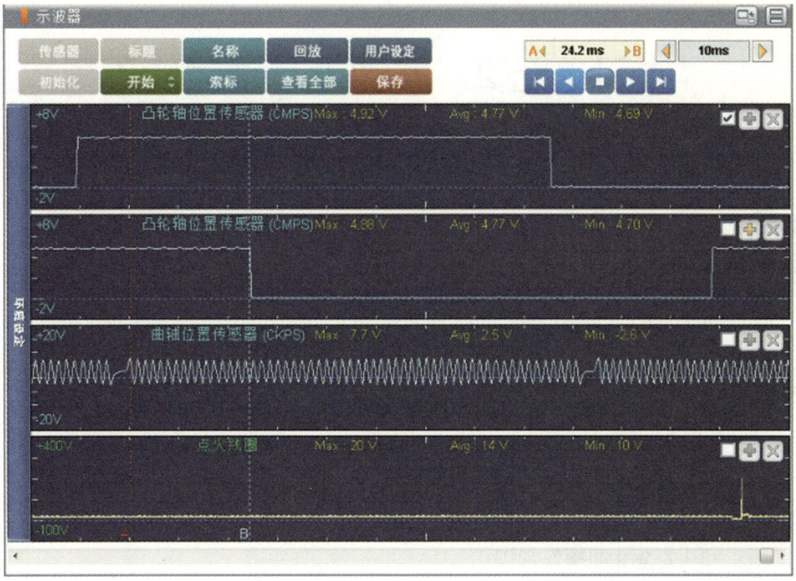		
	当曲轴位置传感器无信号时，发动机无法起动，应对其进行检测。 **注意：电磁感应式曲轴位置传感器安装间隙应符合要求**	更多资料	

案例集锦

故障现象：一辆捷达 CT，发动机不能起动	检查与排除： 起动发动机时发动机没有任何起动迹象，连接故障诊断仪 V.A.G1551 对发动机电控系统进行检测，没有发现故障码。检查高压火花，只有第 3 缸有高压火。拆下 4 个火花塞看到有很多汽油，说明火花塞未点火。当点火线圈、高压线及火花塞出现故障时，发动机控制单元不能监测到，所以不会记忆相关的故障码。使用万用表测量点火线圈电阻，测量第 1、4 缸点火线圈的次级线圈 A 与 B 间电阻为无穷大；测量第 2、3 缸点火线圈 B 与 C 间电阻也为无穷大。点火线圈的次级电阻无穷大导致火花塞不能点火，发动机第 2、3 缸点火线圈可能有时导通刚好使第 3 缸火花塞点火。更换点火线圈后，故障排除

故障现象：一辆丰田轿车，使用中发动机经常突然熄火，熄火后难以起动	故障检查与排除： 首先检查电脑控制部分的电路和元件以及点火系统的低、高压线路，结果均正常，只是发现蓄电池电压偏低。接着检查供油系统，没有发现渗漏处，但用油压表测量供油系统的压力时，发现油压比正常值低（电子燃油喷射装置正常压力为 265 ~ 304 kPa)。为此，又检查燃油压力调节器、各缸喷油器及过滤器，上述机件性能都良好。最后，拆下电动燃油泵进行空转试验亦无异常，但进行负荷测试时出现转速不够或停转现象。将其分解后，发现燃油泵的换向器烧蚀严重，且两电刷磨损严重，其与换向器的接触面过小且太脏。换上一对新电刷，并清洁换向器后装复试验，发动机在各种工况下运转均正常。此外，又换了一只新的蓄电池，装车后发动机一次起动着车，随后行驶几万公里未再发生上述故障	更多案例	

学习单元 2　发动机怠速运转不良故障诊断

工作任务	排除发动机怠速运转不良故障	教学模式	任务驱动
建议学时	6 学时	教学地点	一体化实训室
任务描述	有一辆现代悦动轿车，起动发动机后怠速运转不稳。作为维修技工，应当根据维修手册，正确使用故障诊断仪，参考相关资料排除故障，以恢复发动机正常工作状态，最终提出合理化使用建议，经检验合格后交付前台		故障现象
学习目标	1. 能够按照正确的操作规程进行故障诊断排除，树立良好的安全文明操作意识。 2. 能够根据维修手册和其他资源分析发动机怠速运转不良的原因。 3. 能在规定时间内诊断发动机怠速运转不良故障，排除并验证排除结果。 4. 能够主动获取信息，展示学习成果，对工作过程进行总结与反思，培养与他人进行有效沟通和团结协作的能力。 5. 能够为顾客正确使用、保养发动机提出合理化建议		
设备器材	现代悦动轿车 1 辆，工具车 1 台，诊断仪、万用表、蓄电池检测仪、真空表、气缸压力表、燃油压力表、点火正时灯各 1 套，悦动轿车维修手册 1 份，网络资源		

故障诊断思路

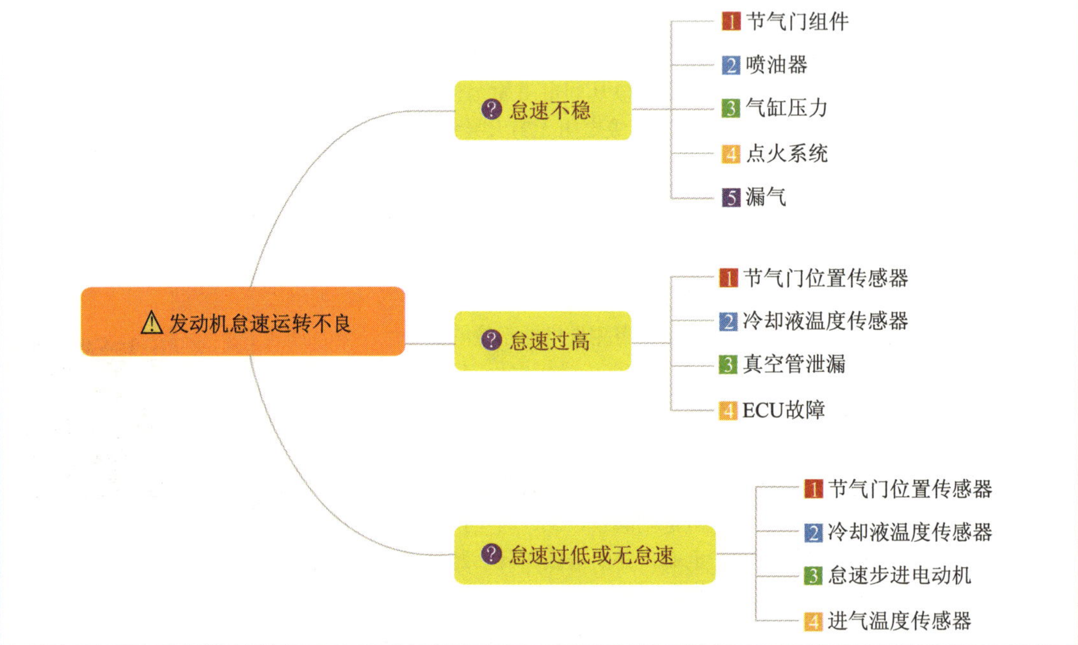

知识充电站

发动机怠速运转不良故障原因	1. 进气系统漏气或者堵塞； 2. 空气流量计或者进气压力传感器故障； 3. 进气温度、冷却液温度传感器故障； 4. 节气门组件及其输出信号故障； 5. 供油系统故障； 6. 点火系统故障； 7. EGR 阀故障； 8. 气缸压缩压力太低或不均衡； 9. ECU 故障	
进气系统漏气检查	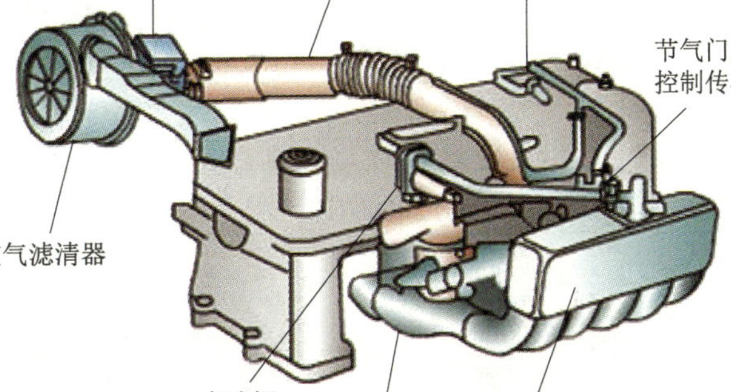 进气系统漏气会导致发动机怠速期间混合气浓度变化异常，导致怠速不稳。检查进气系统的各个管路接头、真空软管有无漏气	
节气门组件检修	发动机怠速运转，用故障诊断仪读取节气门开度信息，对比维修手册，查看节气门开度是否正常。若不正常，重新进行匹配。 节气门清洗：可分为就车清洗和离车清洗。 **注意：清洗节气门时不要让清洗剂进入控制电路板内；清洗或者更换节气门体后，一定要重新匹配节气门**	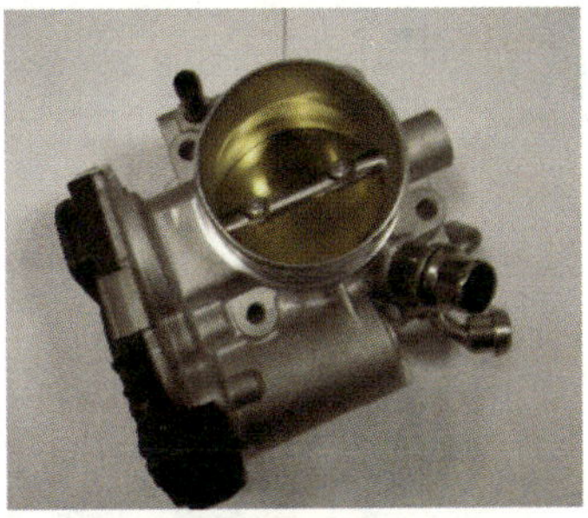
喷油器清洗、检测	喷油器堵塞或者不工作会导致怠速不稳。 检测喷油器电阻：高阻型喷油器应为 12 ~ 16 Ω，低阻型喷油器应为 2 ~ 5 Ω。若不符合标准，则更换喷油器。 喷油器清洗：利用喷油器清洗检测仪可以对各型号喷油器进行彻底有效的清洗和完整的性能检测	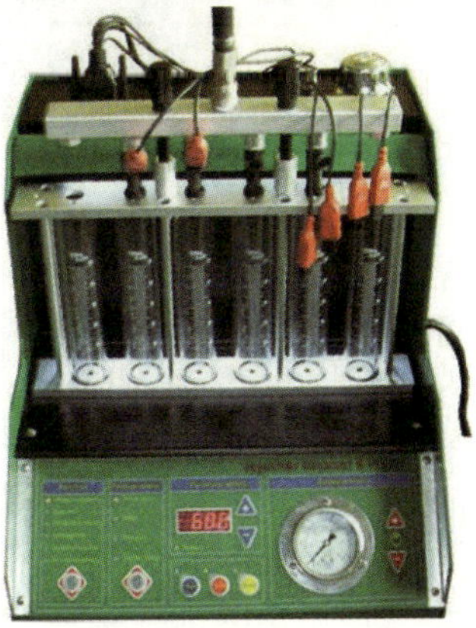

<table>
<tr>
<td>进气温度、冷却液温度传感器检测</td>
<td>进气温度、冷却液温度传感器信号不良，会导致发动机怠速转速发生变化
进气温度、冷却液温度传感器为负温度系数热敏电阻
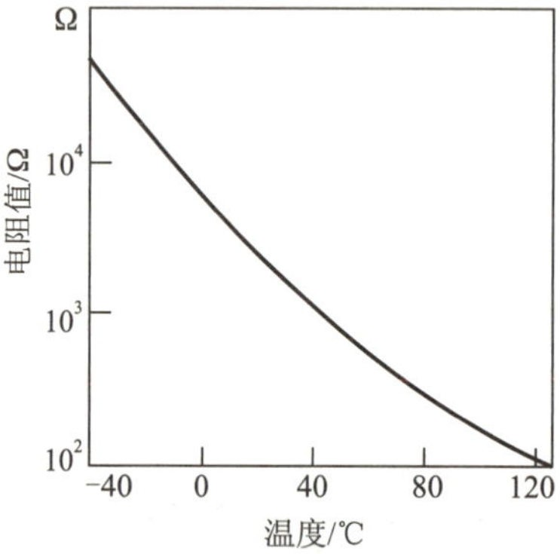</td>
<td>
</td>
</tr>
<tr>
<td>火花塞检测</td>
<td colspan="2">怠速工况下火花塞点火能量弱或者不点火会导致怠速不稳，通过观察火花塞电极的工作状况，可以大致判断汽油机的工作是否正常
 正常使用
 油污潮湿
 绝缘体破损
 过热燃烧
 铅污染
 炭粉熏黑
 炙热燃烧
 过多积炭
 外力破坏</td>
</tr>
<tr>
<td>EGR 阀检查</td>
<td>怠速工况时 EGR 阀关闭，几乎没有废气再循环至发动机。过度的废气再循环将会影响发动机的正常工作，特别是在怠速、低转速小负荷及发动机处于冷态运行，以及在全负荷（节气门全开）状态下对发动机动力性有要求时，再循环的废气将对发动机的性能产生严重的影响</td>
<td>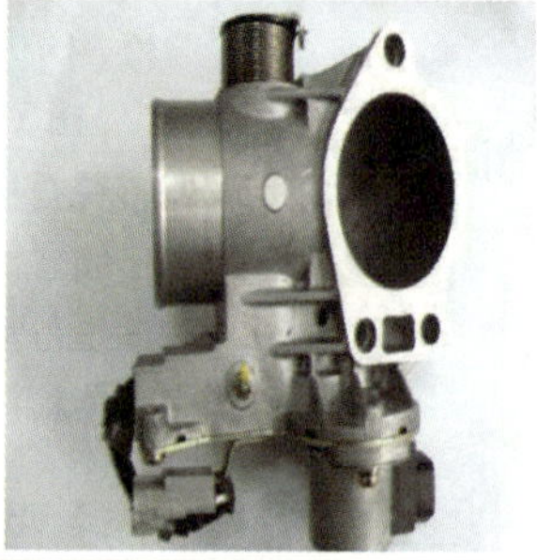</td>
</tr>
</table>

ECU 故障	若各传感器及其他系统正常，怠速仍然不稳，则考虑是 ECU 故障，可以更换 ECU 进行排除检查，或者直接对 ECU 进行检测	更多资料	
案例集锦			
故障现象：现代 Sonata 型轿车，怠速不稳、转速忽高忽低，而且在低速行驶时偶尔出现窜动的现象。仪表板上的 CHECK 警告灯发亮	因仪表板上的 CHECK 警告灯发亮，说明电控系统有故障，调取故障码，显示为“14”，其含义是节气门位置传感器信号不正常。拆下节气门位置传感器上的线束插头，观察各端子无锈蚀，接触也可靠，于是参照维修手册用万用表测量节气门位置传感器的电阻值。当用手操纵节气门由全关平稳地向全开过渡时，发现其电阻值不是呈线性变化，而是在全关（稍有振动）和开度不大时，电阻值有突变的情况。这说明节气门传感器内的滑变电阻有接触不良的现象。更换新的节气门位置传感器，消除故障码，故障排除		
故障现象：一辆行驶里程约 6 万 km、配置 2.5 L 发动机的 2006 款长安福特蒙迪欧轿车。用户反映：该车冷车起动后发动机正常，热车后怠速明显，转速在 750 ～ 850 r/min 之间来回波动，行驶中紧急制动有熄火现象	接车后：对怠速控制阀、节气门、进气道和喷油器进行清洗，完成后试车，故障依旧。测量燃油压力，正常。更换火花塞、高压线和点火线圈，故障依旧。使用诊断仪进行自诊断，有两个故障 P1151、P1131，内容均与氧传感器故障有关。更换氧传感器，故障没有排除。查看数据流，系统能够进入闭环状态，但氧传感器信号电压始终偏低，保持在 0. 0 V 不变，而且长期、短期燃油修正系数都处于大于 0 的变化趋势。以上数据说明废气中的氧过多，但不意味着混合气本身一定偏稀，因为点火不良、漏气或压缩比过低都可能出现这种问题。检查发动机外观，发现节气门下方的真空管破裂。更换该真空管，试车，故障彻底排除。在冷车状态下，发动机提供较浓的混合气，此时虽然有漏气，但并不明显。热车加浓，工况停止，漏气将明显影响混合气浓度，气缸工作不良，于是出现怠速抖动及加速熄火现象	更多案例	

学习单元 3　排气管冒黑烟及“放炮”故障诊断

工作任务	排除排气管冒黑烟及“放炮”故障	**教学模式**	任务驱动
建议学时	6 学时	**教学地点**	一体化实训室
任务描述	有一辆现代悦动轿车，发动机抖动大，排气管有不正常声音发出，同时排出黑色烟体，加速时感觉无力。作为维修技工，应当根据维修手册，正确使用故障诊断仪，参考相关资料排除故障，以恢复发动机正常工作状态，最终提出合理化使用建议，经检验合格后交付前台		故障现象
学习目标	1. 能够按照正确的操作规程进行故障诊断排除，树立良好的安全文明操作意识。 2. 能够根据维修手册和其他资源分析排气管冒黑烟及“放炮”故障原因。 3. 能在规定时间内诊断排气管冒黑烟及“放炮”故障，排除并验证排除结果。 4. 能够主动获取信息，展示学习成果，对工作过程进行总结与反思，培养与他人进行有效沟通和团结协作的能力。 5. 能够为顾客正确使用、保养发动机提出合理化建议		
设备器材	现代悦动轿车 1 辆，工具车 1 台，诊断仪、万用表、蓄电池检测仪、真空表、气缸压力表、燃油压力表、点火正时灯各 1 套，悦动轿车维修手册 1 份，网络资源		

故障诊断思路

<table>
<tr><th colspan="3">知识充电站</th></tr>
<tr><td>发动机冒黑烟、“发突”及“放炮”故障原因</td><td colspan="2">1. 喷油时间过早；
2. 喷油雾化不良；
3. 各缸喷油不均；
4. 喷油器滴油；
5. 进气通道堵塞或空气滤清器堵塞；
6. 选用的汽油牌号不当；
7. 点火系统故障；
8. 氧传感器及其电路故障；
9. ECU 故障</td></tr>
<tr><td rowspan="2">喷油器工作情况检查</td><td colspan="2">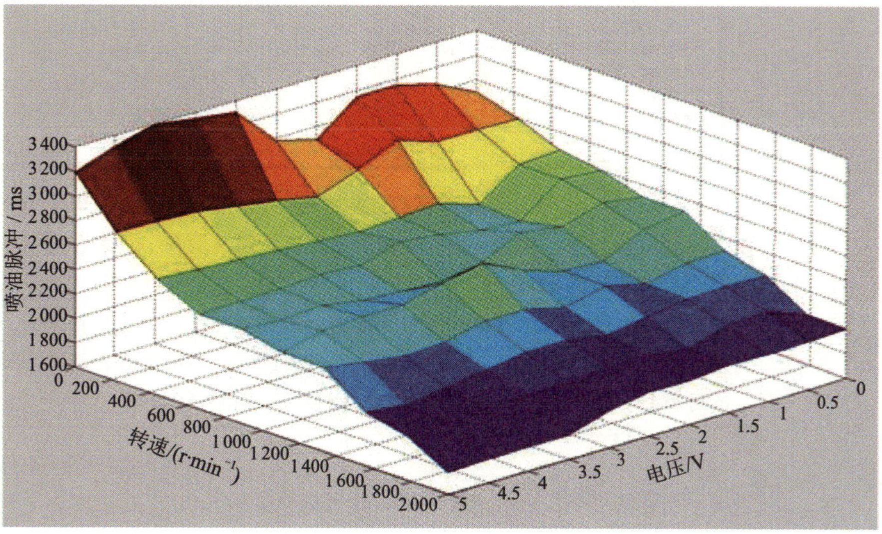
</td></tr>
<tr><td>喷油量过多导致发动机可燃混合气过浓而不能完全燃烧，随废气排出，会产生冒黑烟和排气管“放炮”现象。
决定喷油量的喷油脉宽信号指的是喷油嘴通电打开喷射的时间长度，是喷油器工作是否正常的主要指标。利用诊断仪读取喷油器喷油脉宽，对比正常数据</td><td>喷油脉冲宽度数值单位为 ms。该参数显示的数值大，表示喷油器每次打开喷油的时间较长，发动机将获得较浓的混合气；该参数显示的数值小，表示喷油器每次打开喷油的时间较短，发动机将获得较稀的混合气。喷油脉冲宽度没有一个固定的标准，它将随着发动机转速和负荷的不同而变化</td></tr>
</table>

<table>
<tr>
<td>喷油器工作情况检查</td>
<td colspan="2">
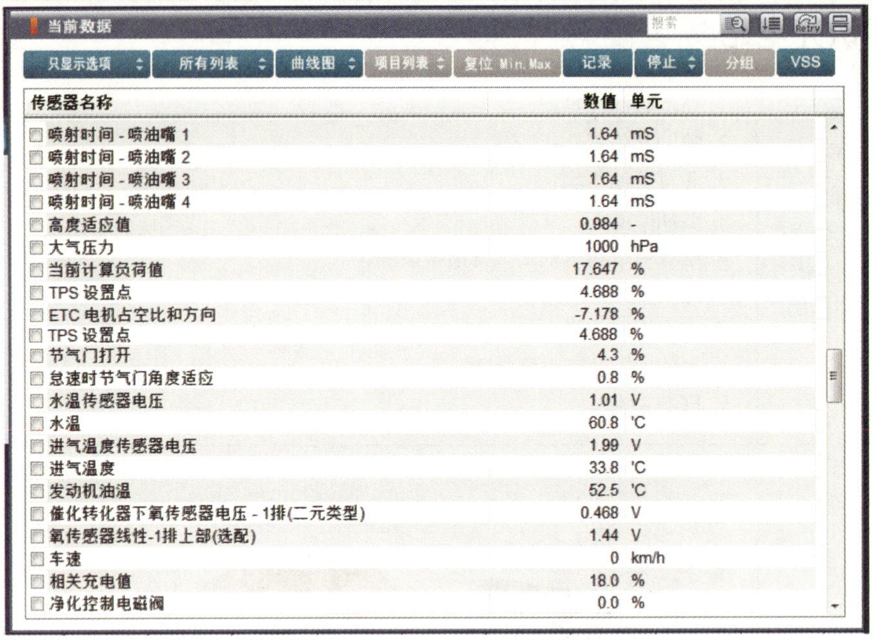

<table>
<tr><th>传感器名称</th><th>数值</th><th>单元</th></tr>
<tr><td>喷射时间 - 喷油嘴 1</td><td>1.64</td><td>mS</td></tr>
<tr><td>喷射时间 - 喷油嘴 2</td><td>1.64</td><td>mS</td></tr>
<tr><td>喷射时间 - 喷油嘴 3</td><td>1.64</td><td>mS</td></tr>
<tr><td>喷射时间 - 喷油嘴 4</td><td>1.64</td><td>mS</td></tr>
<tr><td>高度适应值</td><td>0.984</td><td>-</td></tr>
<tr><td>大气压力</td><td>1000</td><td>hPa</td></tr>
<tr><td>当前计算负荷值</td><td>17.647</td><td>%</td></tr>
<tr><td>TPS 设置点</td><td>4.688</td><td>%</td></tr>
<tr><td>ETC 电机占空比和方向</td><td>-7.178</td><td>%</td></tr>
<tr><td>TPS 设置点</td><td>4.688</td><td>%</td></tr>
<tr><td>节气门打开</td><td>4.3</td><td>%</td></tr>
<tr><td>怠速时节气门角度适应</td><td>0.8</td><td>%</td></tr>
<tr><td>水温传感器电压</td><td>1.01</td><td>V</td></tr>
<tr><td>水温</td><td>60.8</td><td>'C</td></tr>
<tr><td>进气温度传感器电压</td><td>1.99</td><td>V</td></tr>
<tr><td>进气温度</td><td>33.8</td><td>'C</td></tr>
<tr><td>发动机油温</td><td>52.5</td><td>'C</td></tr>
<tr><td>催化转化器下氧传感器电压 - 1排(二元类型)</td><td>0.468</td><td>V</td></tr>
<tr><td>氧传感器线性-1排上部(选配)</td><td>1.44</td><td>V</td></tr>
<tr><td>车速</td><td>0</td><td>km/h</td></tr>
<tr><td>相关充电值</td><td>18.0</td><td>%</td></tr>
<tr><td>净化控制电磁阀</td><td>0.0</td><td>%</td></tr>
</table>
注意：可燃混合气过浓造成排气管放炮的现象，在发动机低速运转时，声音沉重而不稳定；发动机高速运转时，排气管放炮现象明显好转，甚至消失。其是判断混合气过浓引起排气管放炮的一个标志
</td>
</tr>
<tr>
<td rowspan="4">点火系统检测</td>
<td colspan="2">四冲发动机气门间隙不对，气门烧蚀关闭不严，气门相位重叠角过大，正时齿轮安装不对引起排气门早开，从而产生放炮现象。点火过迟，使可燃混合气燃烧时间过长，未燃烧完的可燃混合气在消声器内又产生二次燃烧，引起排气管放炮</td>
</tr>
<tr>
<td>某一冲程的可燃混合气未能点燃，排入消声器后又被下一冲程的高温气体点燃。这种现象断续而无规律，发动机功率明显下降，加速时很容易熄火。这时，应拆下火花塞做跳火试验，若火花塞断火或火弱，应清除积炭或更换新件</td>
<td>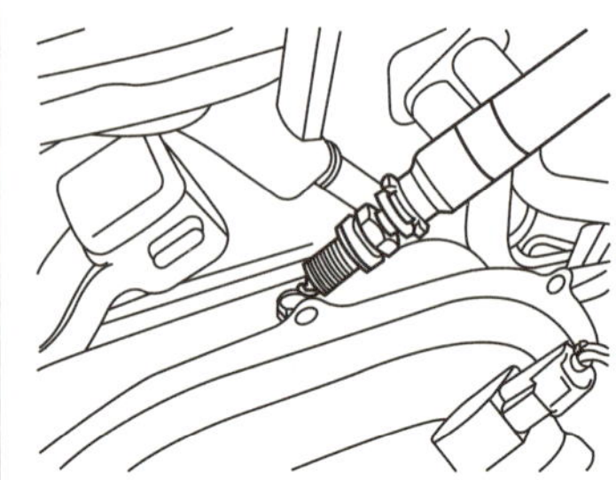</td>
</tr>
<tr>
<td>点火线圈受潮或漏电，属于电路故障，即使 CDI、高压包和火花塞都正常，也会造成点火不稳定或断火，造成放炮</td>
<td rowspan="2">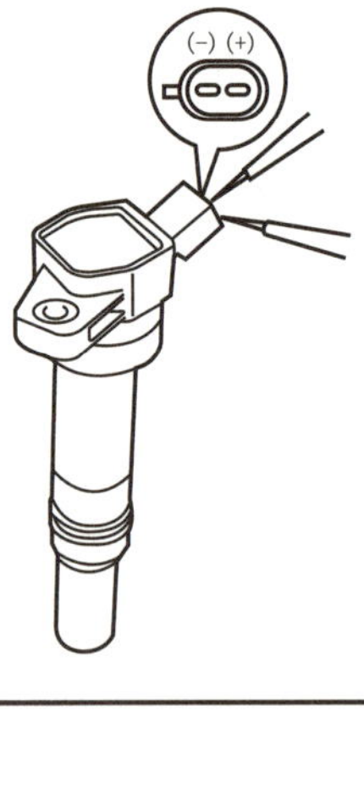
</td>
</tr>
<tr>
<td>检测：分离点火线圈线束插头，用万用表测量点火线圈初级绕组两端子的电阻，其标准值是［（1±15%）×0.75］Ω。</td>
</tr>
</table>

<table>
<tr>
<td rowspan="2">氧传感器检测</td>
<td>
氧传感器参与发动机闭环控制，其信号直接影响可燃混合气浓度。
检测方法：
1. 检测加热电阻；
2. 检测电压信号；
3. 检测波形。
注意：要分清是氧传感器还是其他故障导致的混合气浓度异常
</td>
<td></td>
</tr>
<tr>
<td colspan="2">
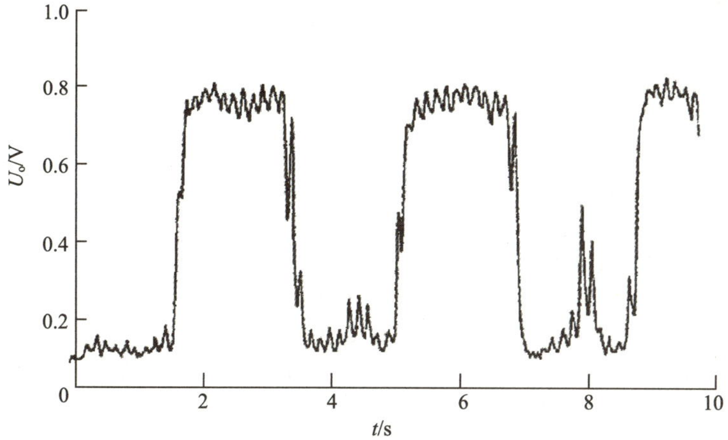

（a）怠速工况时的波形
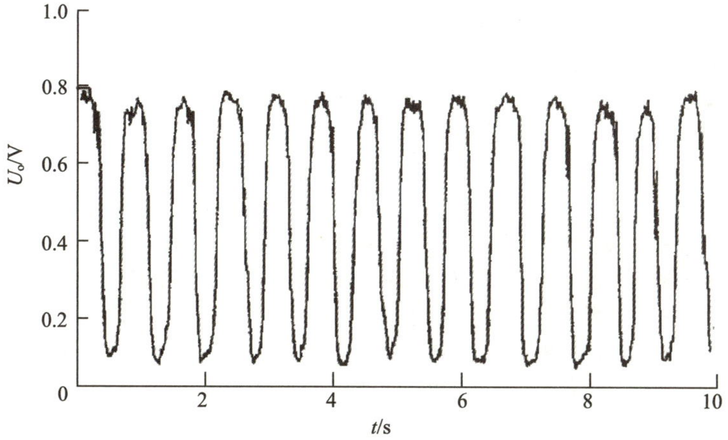

（b）发动机转速为2 500 r/min时的波形
</td>
</tr>
</table>

<table>
<tr>
<td>发动机排气管冒黑烟，说明燃油供给系统混合气过浓，汽车负荷工况与实际喷油量不匹配。造成排气管冒黑烟的原因很多，往往涉及机械、供油、进气及电控系统诸多方面。在排除故障之前，应首先分清楚上述各系统对冒黑烟的直接或间接影响，同时要注意它们之间的内在联系，这样在排除故障时就可做到有的放矢</td>
<td>更多资料</td>
<td></td>
</tr>
</table>

案例集锦

<table>
<tr><td>故障现象：一辆奥迪A61.8T手动挡轿车行驶15万km，车主反映前段时间在外地该车出现冒黑烟、加速无力的现象。在当地服务站维修，更换了发动机控制单元，清洗了空气流量计后正常。但过了一段时间又出现加速无力、冒黑烟的现象，且黑烟更浓</td><td colspan="3">故障诊断与排除：
让发动机怠速运转，并关闭空调，用VAG1552检测，无故障码存储，进01 － 08 － 002读取数据块，第二、四区分别为平均喷油时间和进气量，其数据分别为3.4 ms和3.7 g/s，两数据都在正常值范围之内（正常值分别为1 ～ 4 ms和2 ～ 4 g/s）。再进01 － 08 － 030，其一、二区分别为111和110，说明氧传感器工作工常，再进01–08–033，其一、二区分别表示氧传感器，自适应值与氧传感器G39的电压值分别为21%和0.120 V左右（正常值分别为－ 10% ～ 10%和0.130 ～ 1.800 V）。氧传感器自适应值21%说明预先设定的基本喷油时间太短，为使混合气的空燃比达到最佳，实际喷油时间延长了21%，即自适应值过高。可能有以下原因：
（1）进气系统漏气；
（2）排气歧管漏气；
（3）空气流量计损坏；
（4）燃油压力下降。
喷油嘴氧传感器G39的电压值为0.120 V左右，说明混合气过稀，可能原因有：
（1）氧传感器与控制单元导线对正极短路；
（2）氧传感器损坏。
排气冒黑烟，而氧传感器却检测到混合气过稀，这不是矛盾的吗？于是用VAG1318检测怠速时燃油压力，显示约为3.5 bar（1 bar = 100 kPa），正常。排气歧管也无漏气处，喷油嘴刚清洗过，不可能堵塞，用VAG1598检测氧传感器G39与控制单元之间的导线，结果正常。只好更换G39试一下，当拆下G39时，发现G39未拧紧，拆下G39并清除其上面的积炭，再按正确力矩拧紧G39，起动发动机怠速运转。用VAG1552进01 － 08 － 033检测，其一、二区分别为－ 3% ～ 3%和1.5 V左右，正常。再看排气管内的黑烟明显变淡，但加速仍无力，更换空气流量计，再试车，一切正常。车发动机控制单元后也不再冒黑烟，且加速有力。用VAG1552进01 － 08 － 002，其三、四区分别为2.3 ms和2.7 g/s。
经仔细分析发现，该车在外地维修时，因原车空气流量计G60的响应性变差，使其检测值不准或滞后，造成混合气空燃比不能达到最佳，燃烧不充分，从而导致加速无力、冒黑烟。当清洗空气流量计后，使其响应性暂时变好，但他们盲目换上发动机控制单元，氧传感器也未拧紧。当车行驶一段时间后，空气流量计的响应性变差，而且氧传感器也因车辆颠簸而松动，使空气通过氧传感器与排气管间的缝隙到氧传感器的检测头周围，导致氧含量过高，使氧传感器电压值约为0.120 V，即混合气过稀。当氧传感器信号传给发动机控制单元，发动机控制单元控制延长喷油时间，即增加喷油量，从而导致排气冒黑烟更浓。奥迪A6的空气流量计使用一段时间后，其响应性可能变差，导致加速无力、不易起动、冒黑烟等现象，而氧传感器和发动机控制单元一般不易损坏，故切不可盲目更换而造成不必要的浪费</td></tr>
<tr><td>故障现象：一辆行驶里程超过20.5万km的日产天籁轿车，高车速不能超过120 km/h，并伴随有后燃（排气管“放炮”）现象</td><td>故障分析：
通过与用户沟通，得知该车的故障最近几天刚出现的，已经在外地某店进行过检修，该店更换了燃油泵并清洗了节气门，但故障依旧。
怀疑发动机有气缸工作不良。对喷油器和进气系统进行清洗，故障现象没有明显变化。初步判断故障可能是混合气过浓引起的，而不是之前维修人员判断的混合气过稀。
连接故障诊断仪CONSULT-3进行检测，无故障码存储，观察数据流，发现怠速时A/F ALPHA-B1空燃比为80%，A/F ALPHA-B2空燃比为65%，混合气明显过浓。在对氧传感器的数据流进行对比</td><td>更多案例</td><td></td></tr>
</table>

	后，发现 HO2S1(B1) 的电压在 1.5 ～ 1.8 V，加速时可以达到 2.0 V；HO2S1(B2) 的电压在 1.8 ～ 2.0 V，加速时可以到 2.3 V。而正常的氧传感器电压应该在 0.1 ～ 0.9 V 间跳动。 故障排除： 更换了两个前端的氧传感器，更换后试车确认故障排除

学习单元 4　发动机功率下降故障诊断

工作任务	排除发动机功率下降故障	**教学模式**	任务驱动
建议学时	6 学时	**教学地点**	一体化实训室
任务描述	有一辆现代悦动轿车，行驶过程中出现加速无力、动力不足现象，作为维修技工，应当根据维修手册，正确使用故障诊断仪，参考相关资料排除故障，以恢复发动机正常工作状态，最终提出合理化使用建议，经检验合格后交付前台		故障现象
学习目标	1. 能够按照正确的操作规程进行故障诊断排除，树立良好的安全文明操作意识。 2. 能够根据维修手册和其他资源分析发动机功率下降的原因。 3. 能在规定时间内诊断发动机功率下降故障，排除并验证排除结果。 4. 能够主动获取信息，展示学习成果，对工作过程进行总结与反思，培养与他人进行有效沟通和团结协作的能力。 5. 能够为顾客正确使用、保养发动机提出合理化建议		
设备器材	现代悦动轿车 1 辆，工具车 1 台，诊断仪、万用表、蓄电池检测仪、真空表、气缸压力表、燃油压力表、点火正时灯各 1 套，悦动轿车维修手册 1 份，网络资源		

故障诊断思路

知识充电站

发动机功率下降故障原因

1. 油、电路有故障：油路不畅，进气受阻，造成混合气过稀或过浓；点火时间过迟或触点间隙过小或过大；发动机排气管漏气；高压分线漏电或脱落；传感器或 ECU 出现故障。
2. 气缸缸压不足；缸垫不密封，烧蚀；气门座圈烧蚀，不密封或脱落；气门弹簧过软工作不良；活塞环咬死或对口；活塞与气缸间隙过大。
3. 配气相位失常。
4. 少数气缸不工作。
5. 发动机温度过高；水泵、节温器工作不良；皮带打滑；冷却系统水垢过多

空气流量计及进气压力传感器检测

空气流量计与进气压力传感器为发动机工作提供重要的空气计量信号，此信号出现错误，会使喷油量随之变化，导致发动机混合气浓度过稀或者过浓，使发动机功率下降。

注意：空气流量计位于节气门前方，进气压力传感器位于节气门后方（增压压力传感器位于前方），两者计量空气的方式不同。进气管或真空管泄漏对于两者的影响不同，要理性分析

节气门位置传感器检测

节气门位置信号代表发动机负荷，当节气门开度增大时，发动机负荷升高，若节气门信号出现错误，会导致发动机 ECU 接收到错误信号，使发动机工作异常

注意：

1. 采用电子油门踏板的车辆，若电子油门输出信号异常，也会直接导致节气门工作异常，检修时应考虑到。

2. 电子油门踏板出现故障时，传感器不能拆解维修，应整体更换

发动机数据流分析

当发动机出现功率下降故障时，可以通过数据流分析，找出发动机工作时的异常数据，进而确定故障点。

发动机控制系统中的常用的数据

数据流项目	内容	数据流项目	内容
空气流量传感器	g/s (Hz)	长期燃油喷射修正值	–25% ~ +25%
进气压力传感器	kPa	短期燃油喷射修正值	–25% ~ +25%
节气门开度	%	氧传感器	0.1 ~ 0.9 V
发动机转速	r/min	混合比传感器	0 ~ 5 V
喷油脉宽	ms	车速	km/h
冷却液温度	℃	离合器开关状态	on 或 off
进气温度	℃	EGR 状态	%

更多资料

案例集锦

故障现象：一辆 2008 年进口汉兰达运动型多功能车，搭载 2GR-FE 发动机。用户反映该车在正常行驶时无异常，但是深踩加速踏板时会出现加速无力的现象，无法实现超车，而且还出现过 2 次熄火情况	连接诊断仪读取怠速时的数据流，1 缸喷油量为 0.109 mL，1 列和 2 列气缸的空燃比反馈电压均在 3.25 V 左右，短期燃油修正值为 12.5%，长期燃油修正值则达到了 19.5%。从数据流上判断，当前混合气的状态是良好的，喷油量也正常，但是长期燃油修正值明显偏大，说明发动机长期处于一种混合气过稀的状态。 考虑到发动机长期处于混合气过稀的工况下，而混合气过稀的可能原因包括喷油器堵塞、进气系统漏气、燃油压力低、炭罐电磁阀常通、空气流量计失准以及空燃比传感器损坏等。 因该车之前清洗过节气门和喷油器，首先检查各进气管路，没有漏气现象，检查炭罐电磁阀也正常。用诊断仪对喷油器进行主动测试，增加和减少喷油量，空燃比传感器能正常反馈电压，在增加喷油量时电压显示为 2.94 V，在减少喷油量时电压显示为 4.31 V，正常。在怠速状态下观察空气流量计的数值为 3.20 g/s，正常。 最后连接燃油压力表，检查油压是否正常。怠速时燃油压力为 200 kPa 左右，缓慢踩下加速踏板，压力能够正常上升，但快速将加速踏板踩到底时，却发现燃油压力下降到 150 kPa，显然这是不正常的。考虑到该车燃油泵转速有高、低速控制之分，为了排除燃油泵的转速控制导致大负荷下油压下降的影响，对燃油泵电阻器的插接器进行了短接，让燃油泵始终高速运转。此时压力表显示为 300 kPa，但是将加速踏板瞬间踩到底时，燃油压力依旧会下降到 250 kPa 左右。很明显油压还是存在异常，但是可以判断燃油泵在转速控制方面没有问题。 再次思考，怀疑油压下降的原因在于燃油泵本身，或者是燃油压力调节器。使用万用表测量燃油泵的电阻为 3.2 Ω，正常。因测量无异常，于是将燃油滤清器拆下，检查确认燃油压力调节器安装到位，无其他异常，但是发现燃油滤芯很脏。进一步拆卸后，发现燃油泵线束的端子有严重的腐蚀情况，且端子内部簧片已经折断。 故障排除：更换燃油泵线束及燃油滤清器滤芯，试车发现加速有力，查看数据流，长期燃油修正恢复为 3%，再次进行失速试验，失速转速恢复为正常的 2 600 r/min，故障彻底排除	
故障现象：一辆 2012 款本田雅阁 2.0 轿车，行驶里程约 3 万 km。发动机怠速抖动严重，加速无力，同时发动机故障灯常亮	故障诊断： 1. 用 HDS 进行检测，读得的故障代码为 P2A00，即空燃比（A/F）传感器 S1 电路范围 / 性能问题，记录并清除故障代码后试车，故障依旧。于是决定根据故障代码的提示，从空燃比传感器入手对故障进行排查。 2. 连接 HDS 进行路试，同时记录相关的快摄数据。根据数据可知，该车的空燃比传感器信号在 0 mA 附近的波动过于频繁，同时氧传感器的信号电压一直在 0 V 左右（表示混合气浓度始终偏稀）。由此推断空燃比传感器信号异常，使得发动机控制模块（PCM）错误地控制了混合气的浓度，从而导致发动机怠速抖动，加速无力。 3. 引起空燃比传感器信号异常的可能原因：空燃比传感器及其线路故障；电磁信号干扰。 4. 电磁信号干扰通常来源于后加装的电器和副厂件。经仔细检查，发现该车未加装氙气前照灯等容易产生电磁信号干扰的电器，发电机工作也正常，4 个火花塞也均为原厂件，由此排除电磁干扰的可能。 5. 对空燃比传感器的线路进行外观检查，未发现线束破损、导线连接器连接不良、端子氧化等现象。判断故障是空燃比传感器本身故障导致的	更多案例

学习单元 5　发动机异响故障诊断

工作任务	排除发动机异响故障	教学模式	任务驱动
建议学时	6 学时	教学地点	一体化实训室
任务描述	有一辆现代悦动轿车，发动机出现敲缸声。作为维修技工，应当根据维修手册，正确使用故障诊断仪，参考相关资料排除故障，以恢复发动机正常工作状态，最终提出合理化使用建议，经检验合格后交付前台		故障现象
学习目标	1. 能够按照正确的操作规程进行故障诊断排除，树立良好的安全文明操作意识。 2. 能够根据维修手册和其他资源分析发动机异响原因。 3. 能在规定时间内诊断发动机异响故障，排除并验证排除结果。 4. 能够主动获取信息，展示学习成果，对工作过程进行总结与反思，培养与他人进行有效沟通和团结协作的能力。 5. 能够为顾客正确使用、保养发动机提出合理化建议		
设备器材	现代悦动轿车 1 辆，工具车 1 台，异响听诊仪、诊断仪、万用表、蓄电池检测仪、真空表、气缸压力表、燃油压力表、点火正时灯各 1 套，悦动轿车维修手册 1 份，网络资源		

故障诊断思路

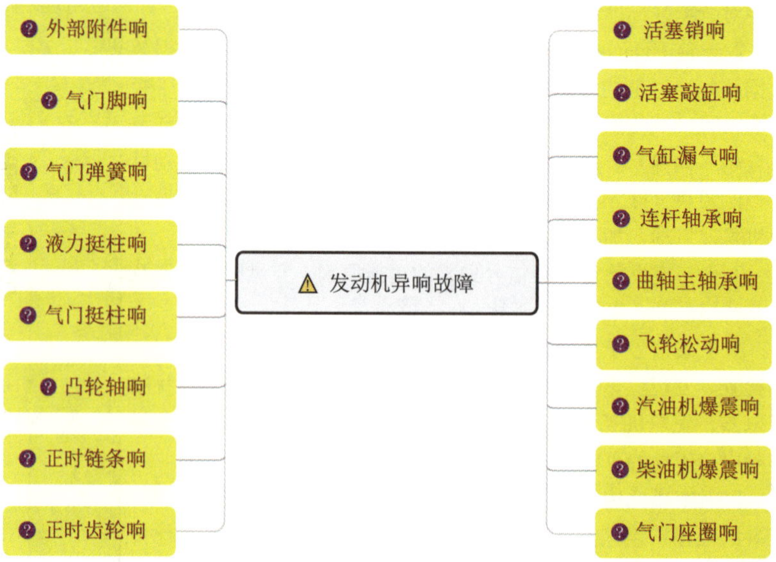

<table>
<tr><th colspan="3">知识充电站</th></tr>
<tr><td>发动机异响故障原因</td><td colspan="2">1. 爆震或早燃；
2. 机件磨损；
3. 机件装配、调整不当，配合间隙过大或过小；
4. 紧固件松脱；
5. 机件损坏、断裂、变形和碰擦；
6. 机件工作温度过高或由此而熔化卡滞；
7. 润滑不良；
8. 回转件平衡遭破坏；
9. 使用材料、油料和配件的材质、型号、规格、品质不符合要求</td></tr>
<tr><td>发动机异响的确定原则</td><td colspan="2">声音是由振动引起的，有异响说明发动机上有不正常的振动。
异响是否真的来自发动机？
异响是来自发动机的内部还是外部？
异响是来自发动机的上部还是下部？
根据异响的特点确定异响的部位，针对问题设计解决方案。
1. 声响在低速运转时轻微单纯，在高速运转时平稳均匀，在加速或减速时圆滑过渡，则为正常声响。
2. 声响中伴随着沉闷的“镗、镗”声，清脆的“当、当”声，短促的“嗒、嗒”声，细微的“唰、唰”声，尖锐的“喋、喋”声和强烈的“嘎、嘎”声等，即表明发动机存在不正常的异响。
3. 声响若仅在怠速运转时存在，转速提高后即自行消失，在整个过程中声响无明显的变化，则为危害不大的声响，可待适当时机再行修理。
4. 声响若在突然加、减速时出现，且在中、高速运转期间不消失，则应立即查明原因，并排除。
5. 声响若是在运转中突然出现的，且又振动剧烈，则应立即停机，并拆卸检查</td></tr>
<tr><td rowspan="2">适用于发动机异响诊断的设备</td><td>不锈钢气缸听诊器：
通过使用听诊器监听、判断发出异响的部位和零件</td><td>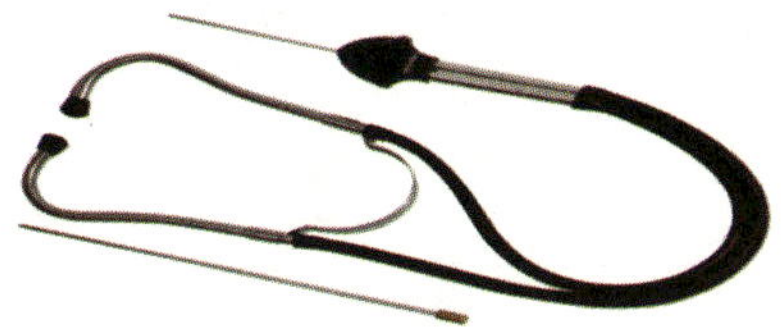</td></tr>
<tr><td>电子听诊器：
适合查明坏的火花塞、坏掉的齿轮、阻塞的燃油管路、轴承和轴衬磨损、故障阀门、水管泄漏、气体泄漏和各种机械失灵。
注意：使用听诊器应注意发动机旋转部件和高温部件，做好安全防护。</td><td>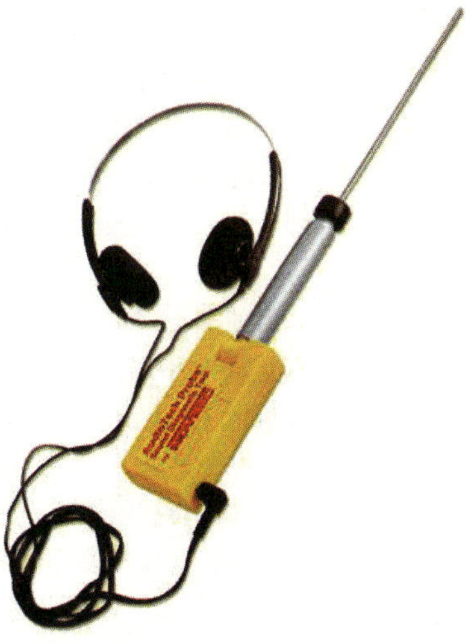</td></tr>
</table>

适用于发动机异响诊断的设备

汽车异响探测仪/有线四通道汽车异响检测仪：

汽车异响探测仪能够准确有效地找出汽车故障点，是专门为了检查车上异响而设计研发的，并配有格式感知器，以检查位置而定，包括手持式感知器、磁铁式感知器、吸盘式感知器、夹式感知器。

在检修异响故障时，可快速且正确地判断出故障点

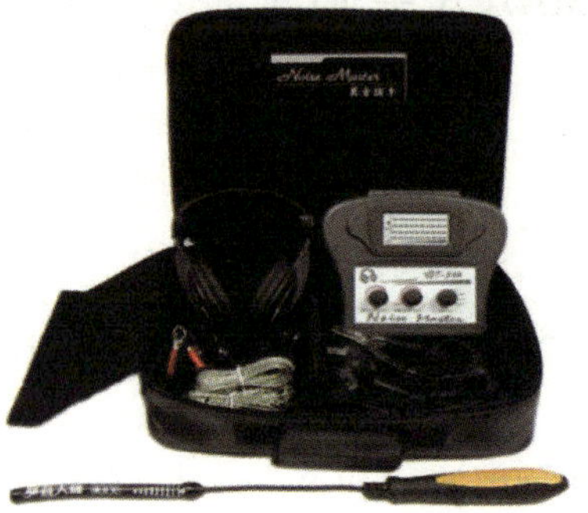

图片	数量	名称	图片	数量	名称
	1	主机		1	手持式传感器
	1	耳机		2	鳄鱼夹传感器
	1	电源线		2	磁铁式传感器
	2	3M 传感器延长线		1	吸盘式传感器
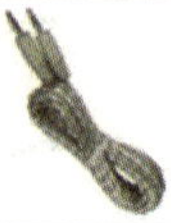	2	5M 传感器延长线			说明书

功能及特点：

汽车异响探测仪是专门为检查汽车发动机异响、车身异响、底盘异响而设计研发的，并配备各式专用传感器，可因不同的检测环境而搭配使用。

1. 电源指示灯 & 异响指示灯：当主机起动时，电源指示灯将会亮起。异响指示灯分为三色：绿、黄、红，颜色变化随侦测到的音量大小而定，音量最小为绿色，最大为红色。

2. 耳机 & 频道插座：使用专用耳机，可调整音量大小及监听异响的来源。拥有四个频道同时侦测不同位置的异响来源。

3. 异响指示灯灵敏度调整开关：此旋转开关用于调整异响指示灯的灵敏度，若灵敏度增加，异响指示灯显示的范围就增大。

4. 电源开关 & 声音灵敏度调整开关：此为电源开关并可调整传感器的接收范围，若灵敏度增加，传感器感应范围将会增加。

5. 频道选择开关：可选择要接收的频道，并将声音传送到耳机

故障类型	故障现象	故障原因
冷敲缸	1. 低温时有敲击声，发动机温度正常后响声减弱或消失。 2. 怠速或低速时，发出清晰而有节奏的“嗒嗒”敲击声，转速提高后响声减弱或消失。 3. 某缸断火后异响减弱或消失，且火花塞跳火 1 次，发出异响 2 次	1. 活塞与缸壁的配合间隙过大。 2. 机油压力过低，缸壁润滑不良
热敲缸	1. 怠速时发出有规律的“嗒嗒”声，高速时发生“嘎嘎”的连续金属敲击声，并伴有机体抖动现象，且温度升高，响声加大。 2. 火花塞跳火 1 次，发响 2 次，单缸断火声响加大	1. 活塞与缸壁配合间隙过小。 2. 活塞与活塞销装配过紧，活塞变形。 3. 连杆轴颈与曲轴轴颈不平行。 4. 连杆弯曲、扭曲或连杆衬套轴向偏斜。 5. 活塞环背隙、侧隙过小，导致活塞环卡滞
冷热均敲缸	1. 发动机低速时有“嗒嗒”的敲击声，转速提高后声响消失；或低速时发出有节奏且强弱分明的“杠杠”声响，有时会短暂消失，但很快又复出，转速提高后消失。 2. 火花塞跳火 1 次，发响 2 次，某缸断火后声响或减弱或反而加大，并由有节奏声响变为连续声响	1. 活塞销与连杆小头装配过紧。 2. 连杆轴承装配过紧。 3. 活塞裙部圆柱度误差过大
曲轴主轴承响	1. 发动机稳定运转时并无响声，当转速突然变化时，发出沉闷连续的“膛膛”敲击声，转速越高，声响越大，同时伴有机体振动现象。 2. 发动机负荷增大时，响声加剧，有时上坡加速时，在驾驶室内就可听到沉闷的“膛膛”敲击声。 3. 单缸断火时声响变化不大，而相邻两缸断火时声响明显减弱	1. 曲轴主轴颈与轴承配合间隙过大。 2. 曲轴轴向间隙过大。 3. 曲轴轴承盖螺栓松动。 4. 润滑不良导致合金烧损脱落。 5. 曲轴弯曲
连杆轴承响	1. 比曲轴轴承敲击轻、缓和而短促的“当当”声，怠速时声响较小，中速时较为明显，突然加速时，敲击声随之增大。 2. 当发动机负荷增加时，声响随之增大。 3. 当发动机温度发生变化时，声响并不变化。 4. 断火后声响会明显减弱、消失	1. 连杆轴承与轴颈磨损过量，导致径向间隙过大。 2. 连杆轴承盖的紧固螺栓松动或折断。 3. 轴承合金烧毁或脱落。 4. 连杆轴颈失圆，使轴颈与轴承之间接触不良。 5. 曲轴主油道堵塞或润滑系有故障，造成轴承润滑不良

正时齿轮或齿带、链条异响	1. 声响比较复杂，有时有节奏，有时无节奏，有时间断响，有时又连续响。 2. 发动机怠速运转或转速有变化时，在正时齿轮室盖处发出杂乱而轻微的噪声；转速提高后噪声消失；急减速时，此噪声尾随出现。 3. 有的声响不受温度和单缸断火试验的影响：有的声响受温度影响，温度低时无噪声，温度正常后才出现噪声。 4. 有的声响伴随正时齿轮室盖振动，有的声响不伴随振动	1. 正时齿轮啮合间隙过大或过小。 2. 曲轴和凸轮轴中心线不平行，造成齿轮啮合失常。 3. 换曲轴轴承和凸轮轴轴承后，改变了齿轮啮合位置。 4. 凸轮轴正时齿轮松动。 5. 凸轮轴正时齿轮轮齿折损或齿轮径向破裂
气门异响	1. 发动机怠速时，发出有节奏的“嗒嗒”声响。 2. 发动机怠速增高，声响也随之增高。中速以上时，声响变得模糊嘈杂。 3. 发动机温度变化或断火试验，声响都不随之变化	1. 气门杆端和调整螺钉或摇臂磨损或调整不当，使气门间隙过大，导致顶置式气门的摇臂头部与气门端部撞击。 2. 凸轮磨损过量，运转中挺柱产生跳动。 3. 气门弹簧座脱落。 4. 气门导管积炭过多而咬住气门

引起发动机异响的因素很多，一定要准确判断异响的部位，再分析可能引起此异响的各种原因，针对不同的原因采取不同的检查及维修方法。

很多异响是由不正常用车和/或保养不及时，造成不正常磨损、管路堵塞等引起的，所以规范用车和按时保养才是消除异响的最佳方法

更多资料

案例集锦

故障现象：发动机在运转时，有“嗖、嗖、嗖”样的异声，而且变速时振动过大	为了确认故障症状，即起动发动机试验，在怠速运转状态，异声很小，不大能听清楚，但是在怠速运转状态空调开关一拨到“ON”，瞬间就产生“嗖、嗖、嗖”的皮带打滑声。空调压缩机皮带打滑是发动机产生异声的原因。打滑的原因不外乎皮带老化、皮带张紧轮不良和张紧轮调节器不良等。 其次确认变速时振动过大，从N挡位向R挡位、D挡位变换以及在行驶中换挡时都产生很大的振动。进行行驶试验，从3挡向4挡升挡时以及从4挡向3挡降挡时，变速振动较小，1挡与2挡之间的升挡和降挡、2挡与3挡之间的升挡和降挡振动较大。变速振动过大的原因不外乎驱动轴的橡胶联轴节老化或者折裂，自动变速器操作油压过高或者自动变速器内部的零件不良。 首先寻找变速振动大的原因，反复操作变速选择杆，确认变速振动状态。试验结果，从N挡位向D挡位变换时，离合器缔结的瞬间产生“咕嗤”一声，振动之后又“咔嚓”一声，在驾驶席上也能清晰地确认。如果说这种声音是自动变速器产生的，则非常不好理解。马上把车子举升起来，用手转动驱动轴一试，手左右摆动就可以听见“咔嚓、咔嚓”的小响声。拆下驱动轴，发现橡胶联轴节变形将要裂开了。 根据以上的作业结果，把不良的零件，即空调压缩机的驱动皮带、皮带张紧轮、张紧轮调节器一起更换了，这三个零件配套更换效果好一些。因为变速而产生异声，所以又更换了驱动轴橡胶弹性联轴节。 作业结束后进行试验行驶，结果发动机异声完全消除，从N挡位向行驶挡位切换时以及行驶中换挡振动也完全消除了

故障现象：发动机起动后有异响。 车　型：A6L 2.4（PA）； 发动机型号：BDW 行驶公里数：3 万 km	**故障分析：** 起动发动机后发动机下部有异响。根据以往经验判断应该是起动机回位不好有滞后现象，于是更换了起动机，更换后故障依旧。 **维修过程：** 用 VAS5052 检测有故障，“起动继电器 1 电路故障存储”为静态现象，经查看 ELSA 电路图发现起动继电器有两个，怀疑是起动继电器内部短路，更换了起动继电器后故障依旧，随后检测起动机的供电导线、打铁线以及电压是否正常，经检测均正常。在起动发动机后拔下起动机的插头，发现起动机马上回位，工作正常。再次检测供电电压发现，发动机起动后，起动机的供电导线电压还会持续 4 ～ 6 s。然后检测继电器的供电是否正常，经检测发现继电器的供电电压也会出现滞后现象，这时我们怀疑是否有打铁点虚接或有短路的现象。经再次查看 ELSA 电路图，发现起动继电器的搭铁是由发动机控制单元 J623 控制的。 此时使用万用表检测 J623 的搭铁线，发现 J623 有时有搭铁滞后现象，这时检查 J623 的搭铁点及插头是否有虚接现象，经检查均为正常。此时建议更换发动机控制单元，故障排除。 **故障排除：** 更换 J623 故障排除	更多案例	

学习项目二　传动系统典型故障诊断

学习单元 1　离合器打滑故障诊断

工作任务	排除离合器打滑故障	教学模式	任务驱动
建议学时	6 学时	教学地点	一体化实训室
任务描述	张先生开车时发现，当汽车起步时，完全放松踏板，发动机动力不能完全传至变速器主动轴，使汽车动力下降，油耗增加和起步困难。汽车加速时，车速不能随发动机转速提高而加快，以及行驶和上坡无力，打滑明显，有焦臭味		故障现象
学习目标	1. 能够按照正确的操作规程进行故障诊断排除，树立良好的安全文明操作意识。 2. 能够根据维修手册和其他资源分析离合器的常见故障原因。 3. 能在规定时间内诊断离合器故障，排除并验证排除结果。 4. 能够主动获取信息，展示学习成果，对工作过程进行总结与反思，与他人进行有效沟通和团结协作。 5. 能够运用所学知识，为顾客使用离合器提出合理化建议		
设备器材	手动变速器车 1 台，举升机 1 台，工具车 1 台，直尺、游标卡尺各 1 把，百分表及磁力表座 1 套，塞尺及离合器检修专用工具 1 套，备件若干套，维修手册 1 份，网络资源		

故障诊断思路

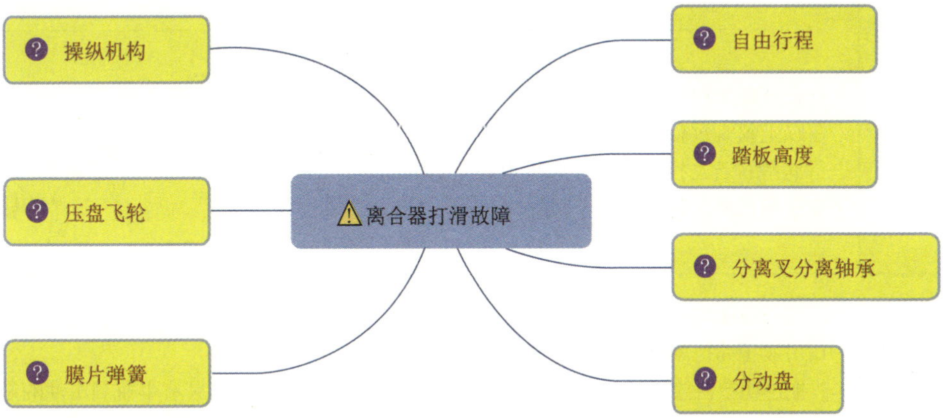

<table>
<tr><th colspan="3">知识充电站</th></tr>
<tr><td>离合器打滑的原因</td><td colspan="2">1. 离合器踏板没有自由行程，使分离轴承压在分离杠杆上。
2. 从动盘摩擦片、压盘或飞轮工作面磨损严重，离合器盖与飞轮的连接松动，使压紧力减弱。
3. 从动盘摩擦片油污、烧蚀、表面硬化、铆钉外露、表面不平，使摩擦系数下降。
4. 压力弹簧疲劳或折断，膜片弹簧疲劳或开裂，使压紧力下降。
5. 离合器操纵杆系卡滞，分离轴承套筒与导管间油污、尘腻严重，甚至造成卡滞，使分离轴承不能回位。
6. 分离杠杆弯曲变形，出现运动干涉，不能回位</td></tr>
<tr><td>检查离合器踏板自由行程</td><td>标准：20 mm±5 mm。若不符合标准应进行调整。
调整踏板自由行程：反复踩离合器踏板几次，再检查踏板高度和自由行程应无变化，若发生改变，应进一步检查</td><td rowspan="2">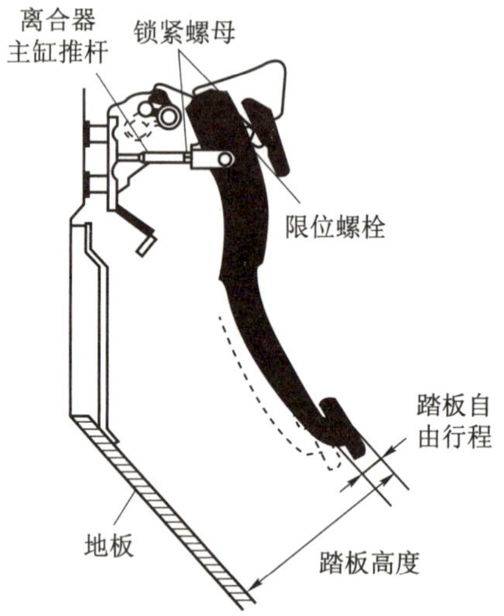
</td></tr>
<tr><td>检查离合器踏板总高度</td><td>标准：150 mm±5 mm。若不符合标准应进行调整。
调整踏板高度：旋松其锁紧螺母，使调整螺栓旋出，可使踏板高度增加；反之，则减小踏板高度。</td></tr>
<tr><td>检查分离叉和分离轴承</td><td>检查分离叉和分离轴承能否正常回位。
在以上检查过程中，若发现是踏板卡滞，应进行润滑；若是拉索卡滞，应更换；若是分离叉变形应更换，若是卡滞应润滑</td><td>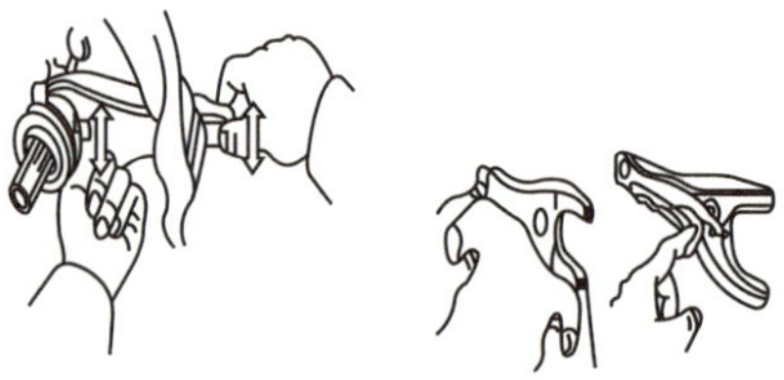</td></tr>
<tr><td>检查液压操纵机构</td><td colspan="2">若离合器操纵机构为液压式，应对液压系统排除空气。
1. 用液压油把离合器储油箱加满至规定线。
2. 把透明塑料管一端接到离合器分泵的排气塞上，另一端插入装有半瓶刹车油的瓶子里。
3. 排除油路中的空气</td></tr>
</table>

<table>
<tr>
<td rowspan="2">检查从动盘</td>
<td>若离合器拉锁带自动调整机构，应检查自动调整机构功能是否完好。
拆卸离合器总成，同时检查飞轮和离合器紧固螺栓是否松动。
检查从动盘摩擦片是否粘油和润滑脂。若有应清除，同时检查曲轴油封和变速器输入轴油封处是否漏油。若有漏油应更换油封。
检查从动盘摩擦片。
从动盘的常见损伤有：磨损、烧蚀、硬化或铆钉外露，摩擦片磨损变薄，铆钉松动，有油污或烧焦，缓冲弹簧损坏，花键磨损等。检查从动盘铆钉距摩擦片表面的距离应不低于 2 mm，否则，应更换摩擦片</td>
<td>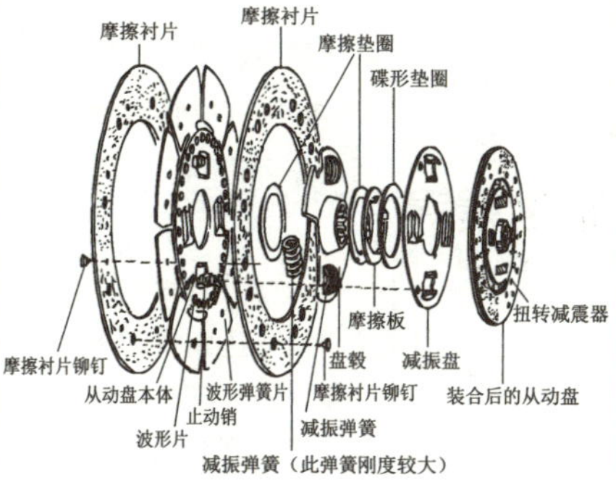</td>
</tr>
<tr>
<td>检查离合器从动盘摩擦片的轴向跳动量，测量方法如图所示，在离外边缘 2.5 mm 处测量最大跳动值应小于 0.4 mm，否则更换从动盘</td>
<td>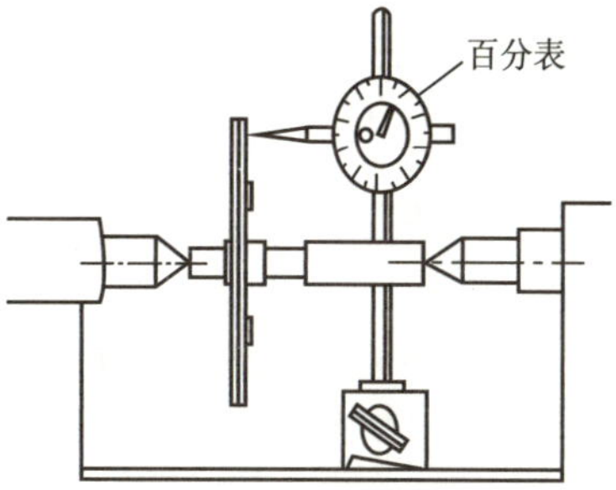</td>
</tr>
<tr>
<td>检查膜片弹簧</td>
<td>检查分离杠杆的磨损。
检查分离杠杆是否平正：用专用工具和塞尺测量分离杠杆的平正度，极限：小于 0.5 mm。否则应进行校正。
检查膜片弹簧是否退火，若有退火颜色，应更换压盘或离合器总成。检查离合器分离杠杆指端或膜片弹簧分离指是否在一个平面内，测量方法如图所示。检查膜片弹簧磨损的深度和宽度以及弹簧内端的平面度，如超标应予以更换。用特种工具 SST 与塞尺测量指端和工具之间的间隙，最大间隙应小于 0.5 mm</td>
<td>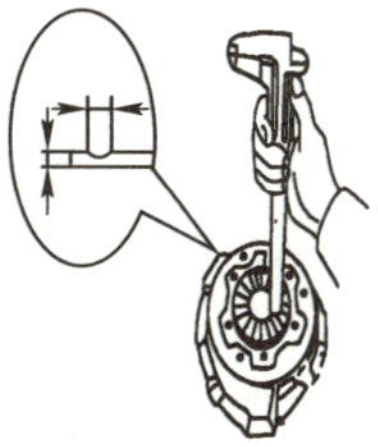 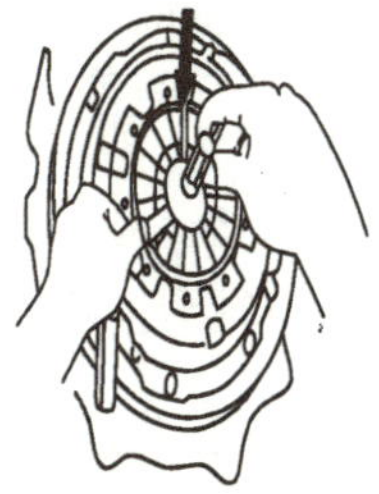</td>
</tr>
<tr>
<td>检查压盘和飞轮</td>
<td>1. 检查压盘
（1）压盘的常见损伤有：压盘表面刮伤、磨损、烧蚀、变形或产生裂纹。测量方法如图所示。对于轻度的不平或烧蚀可进行光磨；对于严重的沟痕并因之引起离合器工作发抖时，则必须予以更换。离合器压盘表面翘曲度不得超过 0.20 mm。
（2）压盘平面应无变形、裂纹及明显的沟痕，膜片弹簧无变形，其内端与分离轴承接触处磨损不大于 0.60 mm，内端的平面度误差不大于 0.50 mm，否则应更换压盘总成。</td>
<td> 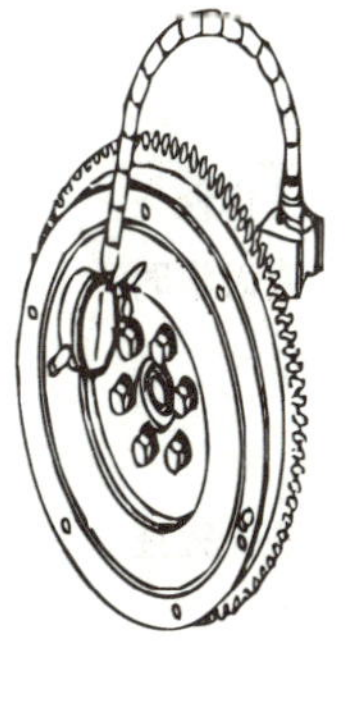</td>
</tr>
</table>

检查压盘和飞轮	**2. 检查飞轮** （1）飞轮表面不得有槽、油和润滑脂。 （2）检查飞轮的圆端面跳动量，测量方法如图所示，应小于0.1 mm，否则应修理或更换	更多资料

案例集锦

故障现象：大众速腾轿车离合器打滑	一辆行驶里程约 5 万 km 的大众速腾 2.0 L 轿车。用户反映：该车离合器打滑。 当转速达到 3 000 r/min 时 5 挡车速仅能达到 45 km/h。 客户强调离合器一直有打滑的现象。平时该车行驶距离短、速度低，又是新车，以为磨合一段时间就会好了。当日跑高速，发现离合器打滑非常严重才来报修。 **1. 故障分析** 离合器打滑的检验方法：手动使车辆处于完全制动状态，踏下离合器踏板，然后在 1 挡起动，再放开离合器踏板。此时如果发动机能够熄火，说明离合器无故障；反之，离合器有打滑，需拆卸、检查离合器。 试车，确定离合器打滑，同时能闻到离合器打滑的煳味。更换离合器片、压盘后行驶了两天，高速时离合器又出现打滑现象。 通过仔细检查，发现固定换挡支架的固定螺栓拧入变速器壳体过多，正好挡住分离拨叉，致使分离拨叉不能回位。这是造成离合器打滑的根本原因。通过与新车对比，发现固定支架橡胶内应有一个铁套，所修的车没有铁套，造成螺栓拧入过多，挡住分离拨叉，致使分离拨叉不能回位，导致离合器打滑。 **2. 故障排除** 装上相同规格的铁套，故障排除	
故障现象：捷达离合器打滑	一辆捷达车离合器打滑造成离合器烧毁。 更换离合器总成，试车，打滑现象依然存在。经检查离合器自由行程合适，总成才更换的也没有问题。最后更换离合器控制拉线，离合器工作正常，故障排除	更多案例

学习单元 2　手动变速器换挡困难故障诊断

工作任务	排除手动变速器换挡困难故障	教学模式	任务驱动
建议学时	6 学时	教学地点	一体化实训室
任务描述	在离合器分离彻底的情况下，要挂挡挂不上、要摘挡摘不下或要换挡换不了。 这是一种操纵失效的现象，有时是乱挡故障导致的严重后果		故障现象

工作任务	排除手动变速器换挡困难故障	教学模式	任务驱动
建议学时	6 学时	教学地点	一体化实训室
学习目标	1. 能够按照正确的操作规程进行故障诊断排除，树立良好的安全文明操作意识。 2. 能够根据维修手册和其他资源分析变速器的常见故障原因。 3. 能在规定时间内诊断变速器故障，排除并验证排除结果。 4. 能够主动获取信息，展示学习成果，对工作过程进行总结与反思，与他人进行有效沟通和团结协作。 5. 能够运用所学知识，为顾客使用变速器提出合理化建议		
设备器材	变速器试验台 1 台，工具车 1 台，测量工具 1 套，备件若干套，维修手册 1 份，网络资源		

故障诊断思路

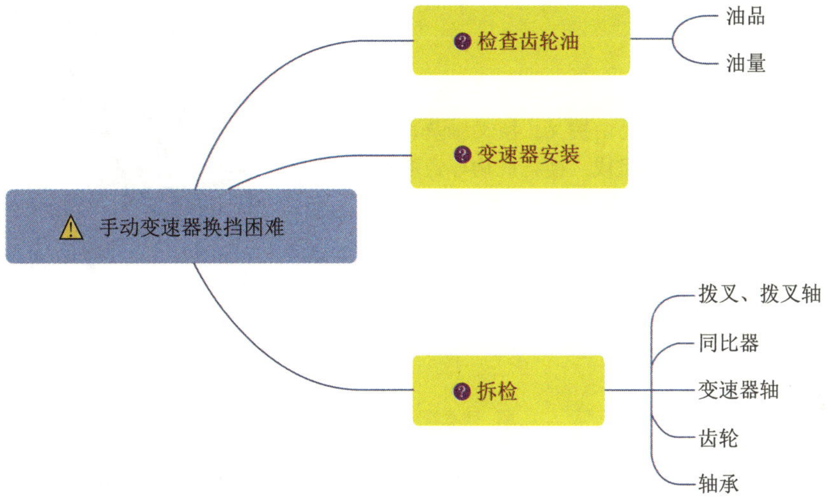

知识充电站

换挡困难故障原因分析及处理方法	1. 离合器不分离。换挡时不能完全切断输入轴的动力，造成换挡困难。排除方法：检修离合器。 2. 变速器壳变形。第一轴与曲轴不同心，支承轴承磨损严重，使啮合齿轮中心距及平行度发生变化，造成换挡困难。排除方法：更换变速器壳或轴承。 3. 操纵机构调整不当或损坏。换挡时不能将滑动齿轮或结合套灵活地移动到位。排除方法：调整或更换操纵机构。 4. 拨叉轴弯曲或自锁、互锁故障。换挡时增加换挡部件的轴向阻力，造成换挡困难。排除方法：校正或更换拨叉轴，更换自锁或互锁装置。 5. 同步器磨损、损坏。不能使结合套和待接合齿轮迅速同步，造成换挡困难。排除方法：更换同步器。 6. 齿轮油不足、过量或不符规格。使润滑不良或运动阻力增大，造成换挡困难。排除方法：更换齿轮油

<table>
<tr>
<td>检查齿轮油的规格与油量</td>
<td>齿轮油规格不符，将齿轮油更换为符合规格的齿轮油。检查油面高度，油量不符合规定，进行调整</td>
<td>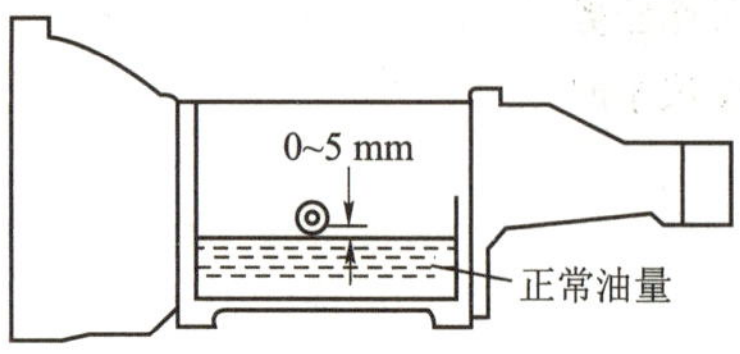

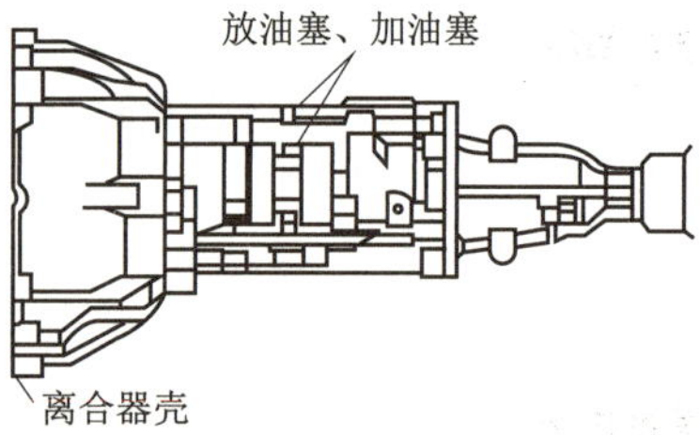
</td>
</tr>
<tr>
<td>检查变速器的安装</td>
<td colspan="2">检查变速器的安装是否符合装配要求，要求安装紧固，曲轴与变速器第一轴同心</td>
</tr>
<tr>
<td rowspan="2">检查变速器换挡机构</td>
<td>换挡机构主要由拨叉、拨叉轴及自锁、互锁和倒挡锁等组成。换挡机构导致换挡困难的主要损坏为机件的弯曲和扭曲</td>
<td>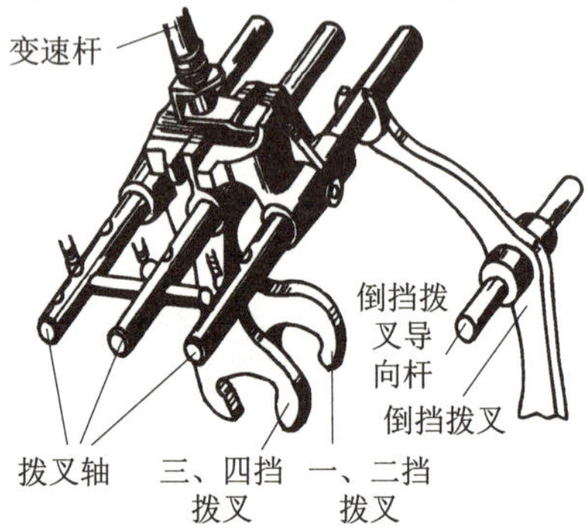
</td>
</tr>
<tr>
<td>拨叉弯扭检查：
1. 检查拨叉槽配合间隙；
2. 检查拨叉弯曲</td>
<td>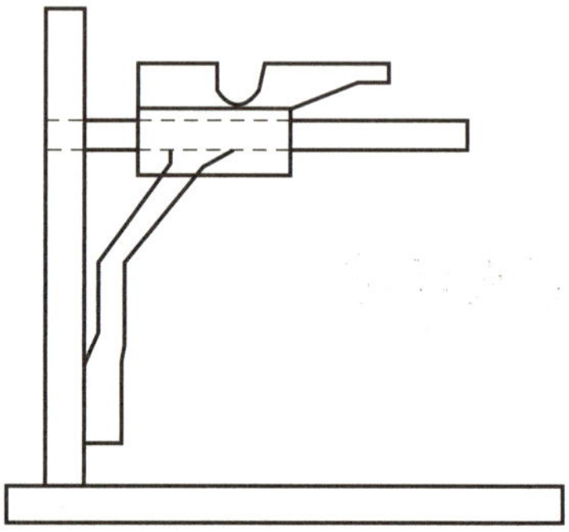
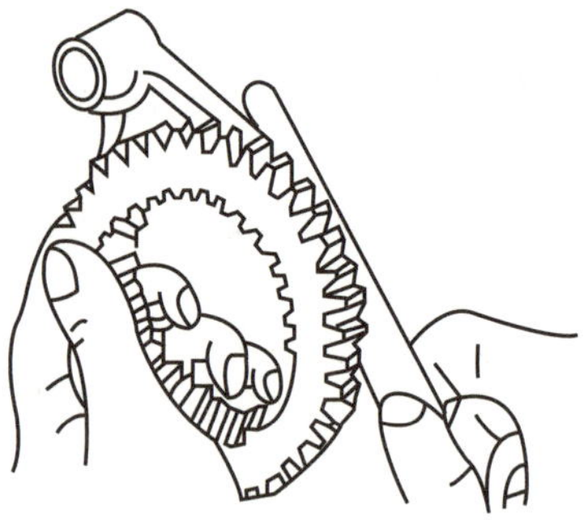</td>
</tr>
</table>

检查变速器换挡机构	拨叉弯扭检查： 1. 检查拨叉与拨叉槽配合间隙； 2. 检查拨叉轴弯曲	
检查同步器	用厚薄规测量同步器齿环与轮齿之间的间隙，标准间隙一般为 1.1 ～ 1.9 mm，磨损极限为 0.5 mm	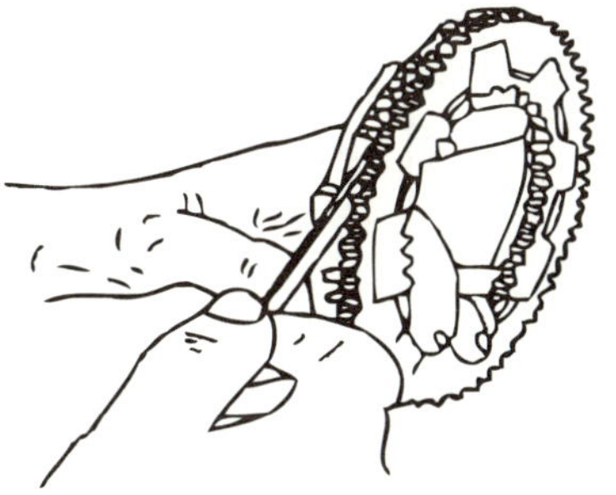
	检查同步器花键毂与结合套的轴向移动是否阻力较大而卡滞。 主要磨损：同步器滑块磨损，锁止弹簧疲劳磨损，同步器啮合齿轮磨损	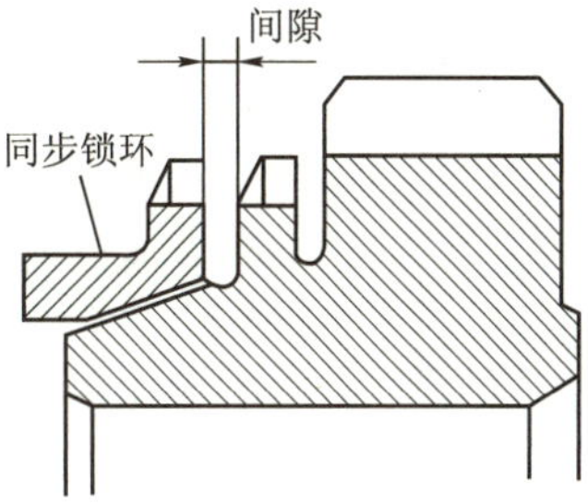
	检查离合器从动盘摩擦片的轴向跳动量，测量方法如图所示，在离外边缘 2.5 mm 处测量最大跳动值应小于 0.4 mm，否则更换从动盘	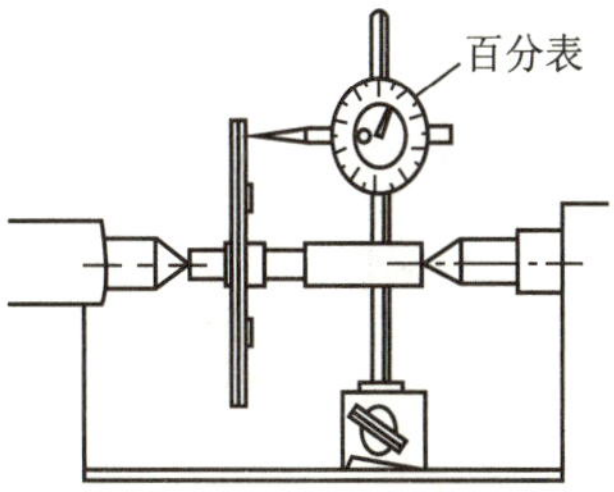
检查变速器轴	1. 用百分表检测变速器轴径向跳动量，检查方法如图所示。其中部最大径向摆差不大于 0.05 mm，超过该值应进行校正或更换。 2. 用外径千分尺检查轴颈的磨损程度，检查方法如图所示，轴颈磨损达到 0.04 mm 时，修复或更换。 3. 检视输入轴、输出轴不得有任何形式的裂纹；轴上固定齿轮不应有断齿和严重磨损；各轴颈及花键不应有严重磨损。根据情况进行修理或更换	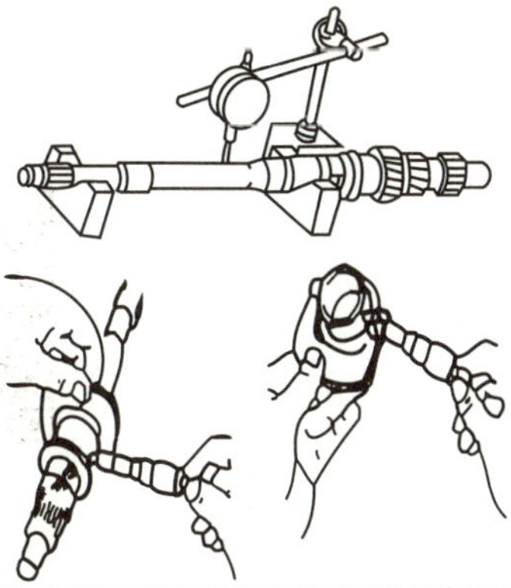

<table>
<tr><td>检查变速器轴承</td><td>检查轴承是否松旷，检查其轴向间隙、径向间隙值，以各车的维修手册为依据。也可凭手感经验检查，轴承应转动灵活，无明显间隙感</td><td>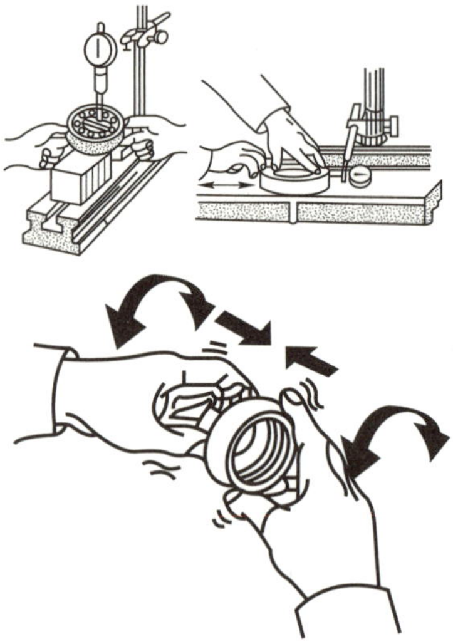</td></tr>
<tr><td>检查传动齿轮</td><td colspan="2">1. 牙齿工作面上有占齿面积超过 25% 的细小斑点应更换。
2. 齿顶出现很小的剥落，能磨光修复可继续使用，否则应更换。
3. 牙齿表面出现长度达 0.2 mm 的细浅磨痕应更换。
4. 齿顶磨损超过 0.25 mm、齿长磨损超过全长 30%、啮合间隙超过 0.4 mm 时均应更换。
5. 齿厚磨损超过 0.4 mm，且啮合间隙超过 0.6 mm；齿长磨损超过全长 30% 时应更换。
6. 齿轮上不相邻的个别牙齿端头裂损，允许焊修。
7. 花键齿厚度磨损超过 0.2 mm、配合间隙超过 0.4 mm 时应更换。
8. 齿轮上不得有任何性质的裂纹</td></tr>
<tr><td rowspan="2">检查齿轮轴承</td><td>用百分表测量齿轮和内座圈之间的间隙。标准值为：0.06 ~ 0.09 mm，超过 0.1 mm 应更换</td><td rowspan="2">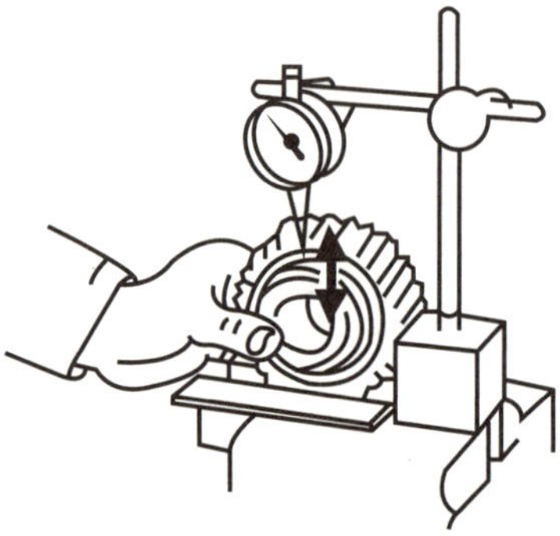
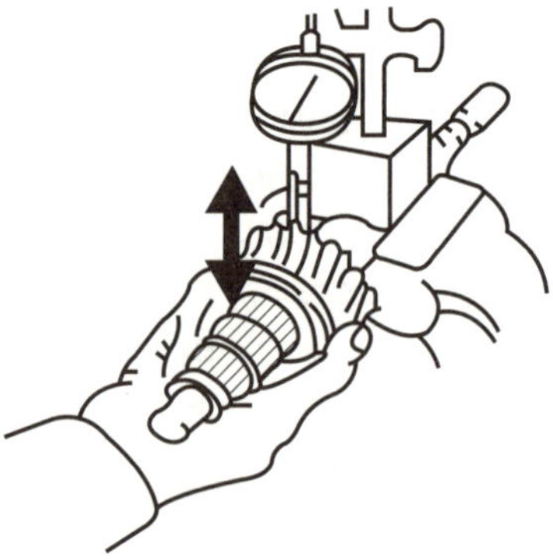</td></tr>
<tr><td>更多资料</td></tr>
</table>

案例集锦

<table>
<tr><td>故障现象：一辆长安微型面包车换挡困难</td><td colspan="3">一辆行驶里程约 15km 的长安微型面包车换挡困难。用户反映 1 挡升 2 挡时一次不能成功，尝试几次后才能换挡成功，期间伴随着打齿的声音。
变速器换挡困难主要有以下原因：
1. 操纵机构失调、变速杆和拉杆弯曲变形、各活动连接处磨损松旷等，致使齿轮啮合不到位。
2. 拨叉轴弯曲、锈蚀或有毛刺，锁止用弹簧过硬或互锁销被卡住，使拨叉轴无法轴向移动；拨叉固定松动、弯曲变形或严重磨损；齿轮端面接触摩擦产生飞边，或接合套花键磨损、起毛或损坏。
3. 同步器锥环牙齿沿轴线方向磨损成凸形或断裂；摩擦锥面螺旋槽磨损或磨光，使齿环端面与齿轮端面间隙缩小，甚至无间隙，降低了摩擦效果，使同步器失效。
4. 润滑油料选用不当，或使用了劣质齿轮油，在高温下齿轮油分解、结胶严重，使各挡齿轮移动困难，导致换挡困难。再如黏度大而使油膜容易吸附在锥环一面，使同步器失效；或油温高使润滑油结胶而填满同步器锥环表面和螺旋槽，导致同步器损坏。
5. 锁销式同步器锁销松动、散架，滑块式同步器的滑块、花键上的轴向槽磨损过甚，滑块弹簧圈弹力过软或折断，使滑块在槽中卡住。
6. 同步器总成在输出轴上摆动太大，或长时期空挡熄火滑行，中间轴不工作，导致输出轴拖转干磨而产生高热，使同步器损坏，离合器分离不彻底。
故障排除：经检查可能是 12 挡同步器故障，拆检更换同步器，故障排除</td></tr>
<tr><td>故障现象：捷达车换挡困难</td><td>一辆行驶里程约 15 万 km 的捷达车，用户反映 4 挡升 5 挡困难，一次不能成功，尝试几次后才能换挡成功，期间伴随着打齿的声音。
1. 变速杆操纵沉重或偏离挡位位置方可挂入挡位，均由操纵机构故障所致。如是机构失调，则应更换磨损或变形件。
2. 当挡位手感正确，在挂二挡、三挡或四挡、五挡时困难或有轻微响声，则为同步器损坏，大多是锥环底面接触，摩擦锥面未接触，摩擦效果降低所致。
3. 在运行中，空挡滑行发现变速器内有“咯、咯”响声，挂挡瞬间也有同样声响且挂挡困难，其原因大多是同步器散架。
4. 在 4 挡升 5 挡时困难，常有两次拨程的感觉，则是拨叉和拨叉槽磨损过度造成的，或同步器锥环变形失效。
5. 同步器锁环内锥面螺旋槽磨损严重，使同步器锁环内锥面和齿轮外锥面间隙变小，锥面间的摩擦力减小，制动作用减弱，间隙为零时制动作用消失。检查同步器时，应检查此间隙。检查时，在齿轮内斜锥面上涂上齿轮油，再将它与锁环配合面接触，当与两者压紧并用手相对转动时锁环不应从齿轮的斜面滑出为正常。
经检查 4、5 挡拨叉轴异常磨损，同步器损坏，更换后故障排除</td><td>更多案例</td><td></td></tr>
</table>

学习单元 3 自动变速器不能升挡故障诊断

工作任务	排除自动变速器不能升挡故障	**教学模式**	任务驱动
建议学时	6 学时	**教学地点**	一体化实训室
任务描述	汽车行驶中自动变速器始终保持在 1 挡，不能升入 2 挡或高速挡；或者行驶中自动变速器可以升入 2 挡，但不能升入 3 挡和其他高速挡。 对于有故障的自动变速器应先进行性能检验，以确认其故障范围，为进一步的分解修理提供依据。修前检测是从诊断故障和确定修理部位出发，在车上做必要的检查或测试		故障现象
学习目标	1. 能够按照正确的操作规程进行故障诊断排除，树立良好的安全文明操作意识。 2. 能够根据维修手册和其他资源分析自动变速器的常见故障原因。 3. 能在规定时间内诊断自动变速器故障，排除并验证排除结果。 4. 能够主动获取信息，展示学习成果，对工作过程进行总结与反思，与他人进行有效沟通和团结协作。 5. 能够运用所学知识，为顾客使用自动变速器提出合理化建议		
设备器材	变速器试验台 1 台，工具车 1 台，测量工具 1 套，备件若干套，维修手册 1 份，网络资源		

故障诊断思路

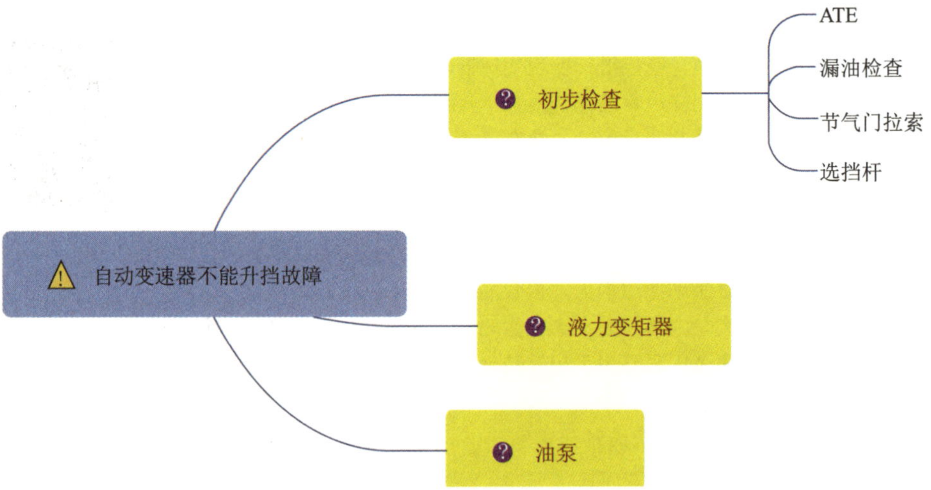

知识充电站

<table>
<tr><td>自动变速器不能升挡的原因</td><td colspan="2">1. 节气门位置传感器调整不当。
2. 车速传感器有故障。
3. 2 挡制动器或高挡离合器有故障。
4. 换挡阀卡滞。
5. 挡位开关有故障</td></tr>
<tr><td rowspan="2">初步检查</td><td>1. ATF 检查和更换。

2. 变速器漏油检查</td><td>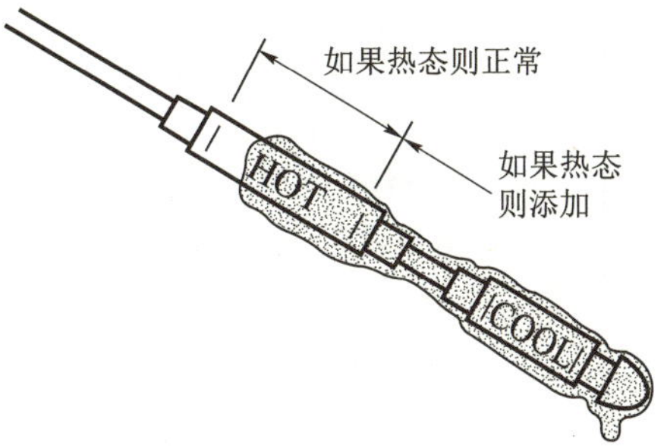

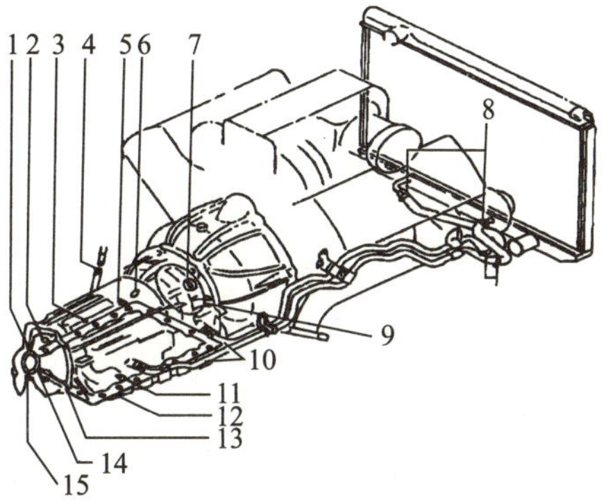

1—2 号车速传感器 O 形圈；2—转速传感器 O 形圈；3—电磁线圈配线 O 形圈；4—油尺导管 O 形圈；5—油压测试口螺塞和 O 形圈；6—输入轴转速传感器油封；7—油泵油封；8—油冷却器管箍；9—油泵 O 形圈；10—油冷却器管接头和 O 形圈；11—蓄能器背压测试口螺塞和 O 形圈；12—油底壳和变速器之间的垫片；13—加长壳体与变速器之间的垫片；14—1 号车速传感器油封；15—加长壳体后油封</td></tr>
<tr><td>3. 节气门拉线检查和调整。</td><td>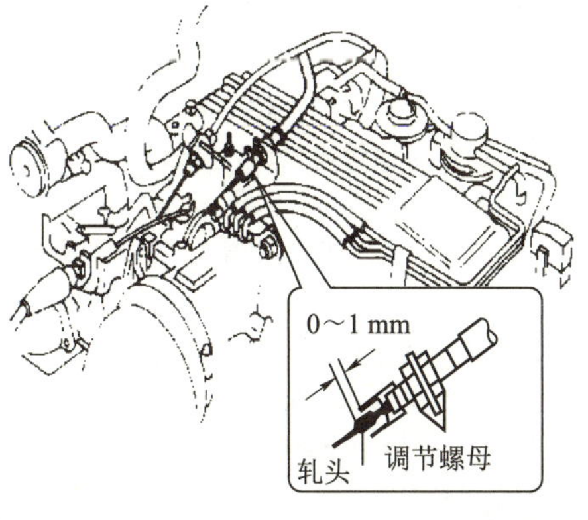
</td></tr>
</table>

<table>
<tr>
<td rowspan="1">初步检查</td>
<td>4. 选挡杆位置检查和调整。
（1）松开选挡杆上的螺母。
（2）将控制轴杆向后推，然后将控制轴杆退回两个槽口到 N 位。
（3）将选挡杆定位在 N 位。
（4）稍稍朝 R 位定位选挡杆，拧紧选挡杆螺母。
（5）起动发动机确认。
5. 空挡起动开关检查和调整。
检查发动机是否仅能在选挡杆位于 N 或 P 挡位时起动，在其他挡位不能起动。
6. 发动机怠速检查</td>
<td>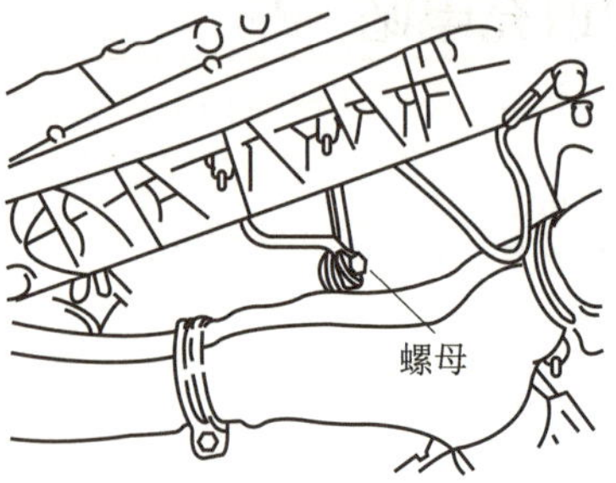
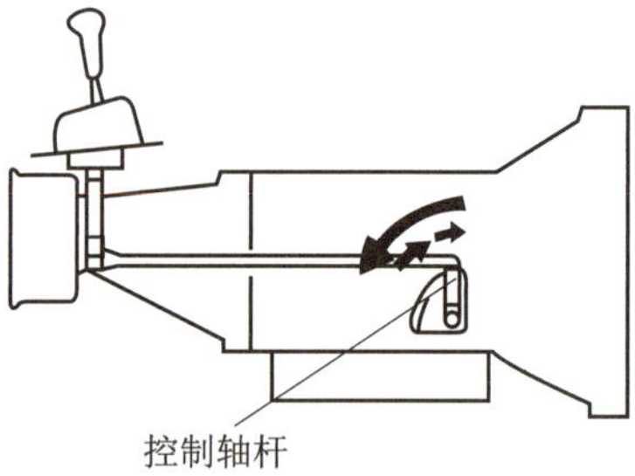
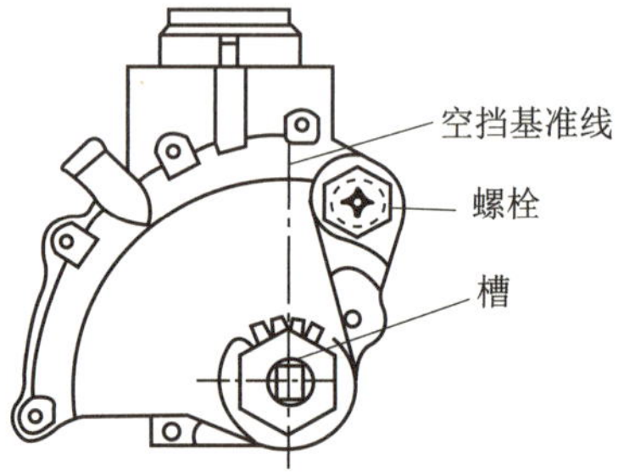</td>
</tr>
<tr>
<td rowspan="3">液力变矩器的检修</td>
<td colspan="2">1. 检查液力变矩器外部有无损坏和裂纹，轴套外径有无磨损，驱动油泵的轴套缺口有无损伤。如有异常，应更换液力变矩器</td>
</tr>
<tr>
<td>2. 将液力变矩器安装在发动机飞轮上，用千分表检查变矩器轴套的偏摆量。如果在飞轮转动一周的过程中，千分表指针偏摆大于 0.03 mm，应采用转换角度重新安装的方法予以校正，并在校正后的位置上作一记号，以保证安装正确。若无法校正，应更换液力变矩器</td>
<td>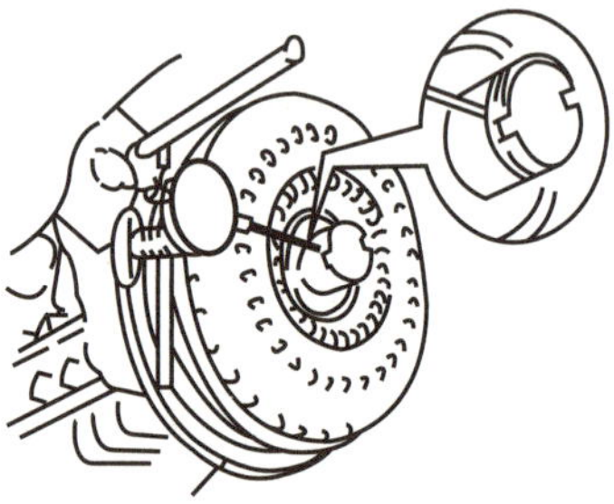</td>
</tr>
<tr>
<td>3. 检查导轮单向超越离合器。
将单向超越离合器内座圈驱动杆（专用工具）插入变矩器中；将单向离合器外座圈固定器（专用工具）插入变矩器中，并卡在轴套上的油泵驱动缺口内。转动驱动杆，检查单向超越离合器工作是否正常。在逆时针方向上，单向超越离合器应锁止，顺时针方向上应能自由转动。如有异常，说明单向超越离合器损坏，应更换液力变矩器</td>
<td>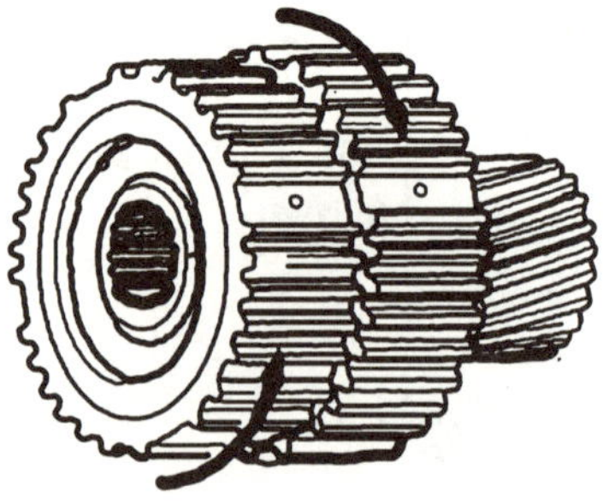</td>
</tr>
</table>

<table>
<tr>
<td rowspan="5">油泵的检修</td>
<td>

1. 拆卸油泵

（1）拆下油泵后端轴颈上的密封环。

（2）按照对称交叉的顺序依次松开转子轴与泵体的固定螺栓，打开油泵。

（3）用油漆在小齿轮上作一记号，取出小齿轮及齿轮。

（4）拆下油泵前端盖上的油封

</td>
<td>

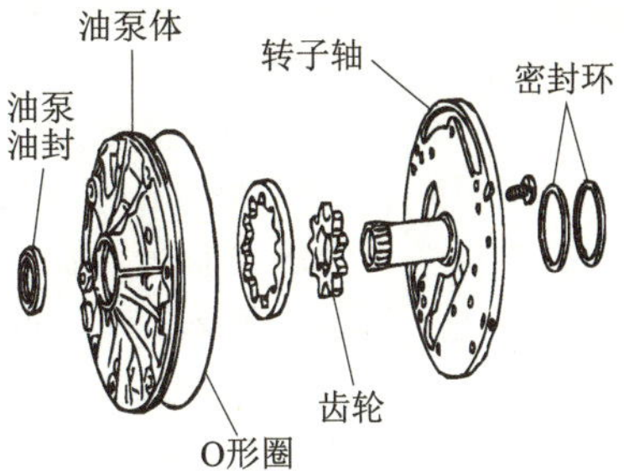

</td>
</tr>
<tr>
<td colspan="2">2. 检查油泵</td>
</tr>
<tr>
<td>（1）从动轮与泵体之间的间隙检查：用厚薄规测量从动轮与泵体之间的间隙。若间隙超过规定值，应更换油泵</td>
<td>

</td>
</tr>
<tr>
<td>（2）从动轮齿顶与月牙板之间的间隙检查：用厚薄规测量从动轮齿顶与月牙板之间的间隙，若间隙超过规定值，应更换油泵</td>
<td></td>
</tr>
<tr>
<td>（3）主动轮与从动轮的侧隙检查：用直尺和厚薄规测量主动轮与从动轮的侧隙，若工作间隙超过规定值，应更换油泵</td>
<td>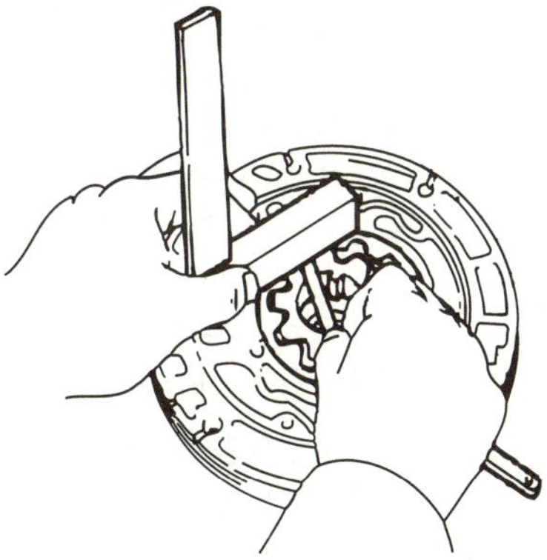</td>
</tr>
</table>

油泵的检修	（4）检查油泵小齿轮、内齿轮、泵壳端面有无肉眼可见的磨损痕迹。如有，应更换新件。 （5）用量缸表或内径千分表测量泵体衬套内径，最大直径应该是 38.19 mm。如果衬套直径大于规定值，应更换油泵体。 （6）测量转子轴衬套内径。测量衬套前、后端的直径。前端最大直径是 21.58 mm，后端最大直径是 27.08 mm。如果衬套内径超出规定值，应更换转子轴。 （7）轴瓦磨损的检查。首先要检查一下液力变矩器输出驱动油泵的轴颈，如果发现有磨损或伤痕，轻者可用细砂纸打磨，重者则需要更换。在检查完轴颈后，可将带有轴瓦的油泵盖套入并用双手晃动，检查间隙是否过大。如果间隙过大，则需更换新的轴瓦。更换时，可使用专用工具把轴瓦压出后，再压入新的轴瓦	更多资料	

案例集锦

故障现象：一辆丰田卡罗拉，自动变速器始终不能升入 3 挡	一辆丰田卡罗拉，行驶 5 万 km，自动变速器始终不能升入 3 挡。 自动变速箱不能升挡的故障现象是：汽车行驶中自动变速器始终保持在 1 挡，不能进入 2 挡及高挡；行驶中自动变速器可以升入 2 挡，但不能升入 3 挡和超速挡。 **1. 故障原因** （1）节气门拉索或节气门位置传感器调整不当； （2）速控阀有故障； （3）速控阀油路严重泄漏； （4）车速传感器有故障； （5）2 挡或高挡执行元件（离合器或制动器）有故障； （6）换挡阀卡滞； （7）挡位开关有故障； （8）换挡电磁阀、电脑或其线路有故障。 **2. 故障检修** （1）应先进行电控自动变速器故障自诊断，然后按所显示的故障代码内容查找故障部位。影响换挡控制的传感器有节气门位置传感器、车速传感器和换挡电磁阀等。 （2）按标准重新调整节气门拉索或节气门位置传感器。 （3）检查车速传感器及其电插头。如有异常，应清洁或更换。 （4）检查挡位开关。如有异常，应调整、清洁或更换。 （5）测量速控阀油压。若车速升高后速控阀油压仍为 0 或很低。说明速控阀有故障或速控阀油路严重泄漏，应拆卸速控阀。速控阀芯如有卡滞，应分解清洗，并将阀芯和阀孔用金相砂纸抛光；若清洗抛光后仍然有卡滞，则应更换速控阀。 （6）用压缩空气检查速控阀油路是否泄漏。如有泄漏，应更换密封圈或密封环。 （7）若速控阀油压正常，应拆卸阀板，检查各个换挡阀。换挡阀如有卡滞，可将阀芯取出，用金相砂纸抛光，再清洗装入；如不能修复，应更换阀板。 （8）若控制系统无故障，应分解自动变速器，检查各个换挡执行元件是否打滑，用压缩空气检查各个离合器、制动器油路或活塞、油缸是否泄漏。 经检查各项都正常，只有 ATF 有些浑浊，怀疑 3 挡离合器磨损，拆检发现 3 挡离合器严重磨损，更换 3 挡离合器，故障排除

故障现象：一辆丰田卡罗拉，自动变速器始终不能升入最高挡	一辆丰田卡罗拉，行驶 5 万 km，自动变速器始终不能升入最高挡。 故障原因： （1）节气门拉索或节气门位置传感器调整不当； （2）速控阀有故障； （3）速控阀油路严重泄漏； （4）车速传感器有故障； （5）2 挡或高挡执行元件（离合器或制动器）有故障； （6）换挡阀卡滞； （7）挡位开关有故障； （8）换挡电磁阀、电脑或其线路有故障。 经检查发现超速挡换挡电磁阀故障，更换电磁阀，故障排除	更多案例	

学习单元 4　自动变速器换挡冲击故障诊断

工作任务	排除自动变速器换挡冲击故障	教学模式	任务驱动
建议学时	6 学时	教学地点	一体化实训室
任务描述	汽车起步时，由停车挡或空挡挂入倒挡或前进挡，汽车振动较严重；汽车行驶中在自动变速器换挡的瞬间有较明显的向前“闯动”“发闯”或“后挫”现象。 对于有故障的自动变速器应先进行性能检验，以确认其故障范围，为进一步的分解、修理提供依据。修前检测是从诊断故障和确定修理部位出发，在车上做必要的检查或测试		故障现象
学习目标	1. 能够按照正确的操作规程进行故障诊断排除，树立良好的安全文明操作意识。 2. 能够根据维修手册和其他资源分析自动变速器的常见故障原因。 3. 能在规定时间内诊断自动变速器故障，排除并验证排除结果。 4. 能够主动获取信息，展示学习成果，对工作过程进行总结与反思，与他人进行有效沟通和团结协作。 5. 能够运用所学知识，为顾客使用自动变速器提出合理化建议		
设备器材	变速器试验台 1 台，工具车 1 台，测量工具 1 套，备件若干套，维修手册 1 份，网络资源		

故障诊断思路

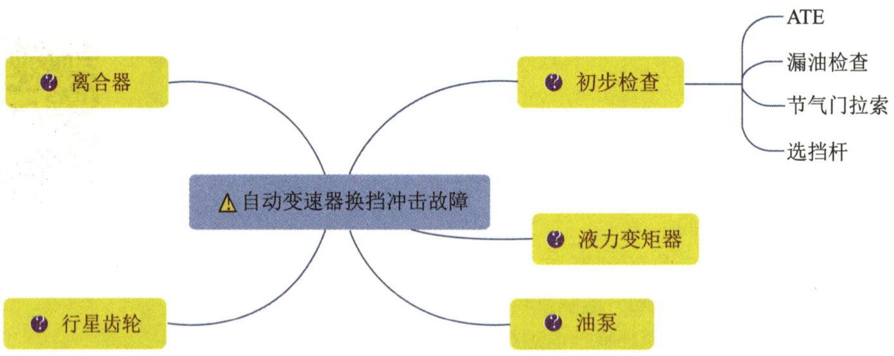

知识充电站

<table>
<tr><td>自动变速器换挡冲击的原因</td><td colspan="2">1. 发动机怠速过高。
2. 节气门位置传感器调整不当，使主油路油压过高。
3. 升挡过迟。
4. 主油路调压阀有故障，使主油路油压过高。
5. 减震器活塞卡住，不能起减震作用。
6. 单向阀钢球漏装，换挡执行元件（离合器或制动器）接合过快。
7. 换挡执行元件打滑。
8. 油压电磁阀不工作。
9. 电脑有故障</td></tr>
<tr><td>初步检查</td><td>1. ATF 检查和更换。</td><td>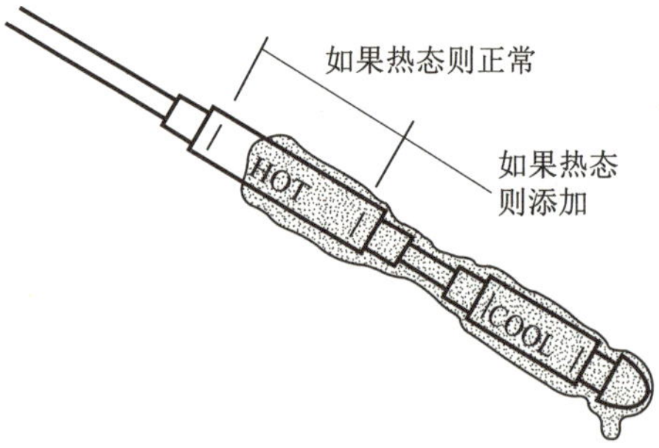
</td></tr>
</table>

<table>
<tr>
<td rowspan="3">初步检查</td>
<td>2. 变速器漏油检查。</td>
<td>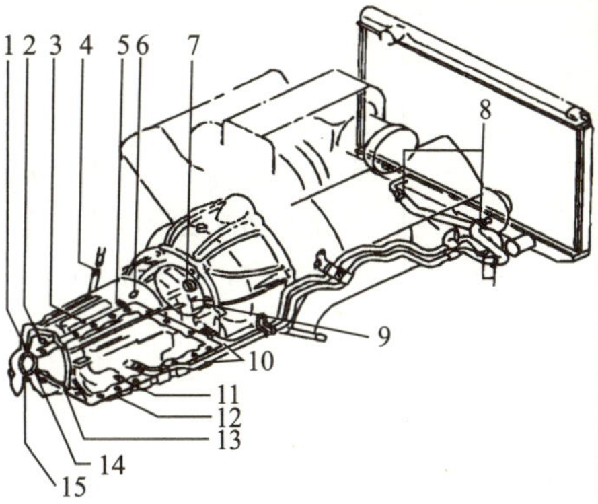

1—2 号车速传感器 O 形圈；2—转速传感器 O 形圈；3—电磁线圈配线 O 形圈；4—油尺导管 O 形圈；5—油压测试口螺塞和 O 形圈；6—输入轴转速传感器油封；7—油泵油封；8—油冷却器管箍；9—油泵 O 形圈；10—油冷却器管接头和 O 形圈；11—蓄能器背压测试口螺塞和 O 形圈；12—油底壳和变速器之间的垫片；13—加长壳体与变速器之间的垫片；14—1 号车速传感器油封；15—加长壳体后油封</td>
</tr>
<tr>
<td>3. 节气门拉线检查和调整。</td>
<td>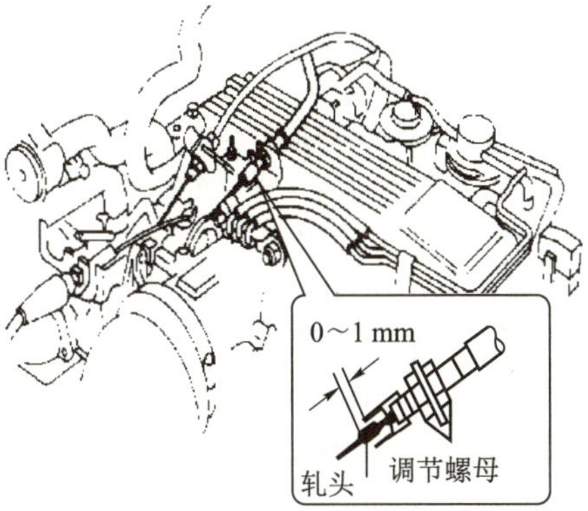
</td>
</tr>
<tr>
<td>4. 选挡杆位置检查和调整：
（1）松开选挡杆上的螺母。
（2）将控制轴杆向后推，然后将控制轴杆退回两个槽口到 N 位。
（3）将选挡杆定位在 N 位。
（4）稍稍朝 R 位定位选挡杆，拧紧选挡杆螺母。
（5）起动发动机确认。</td>
<td>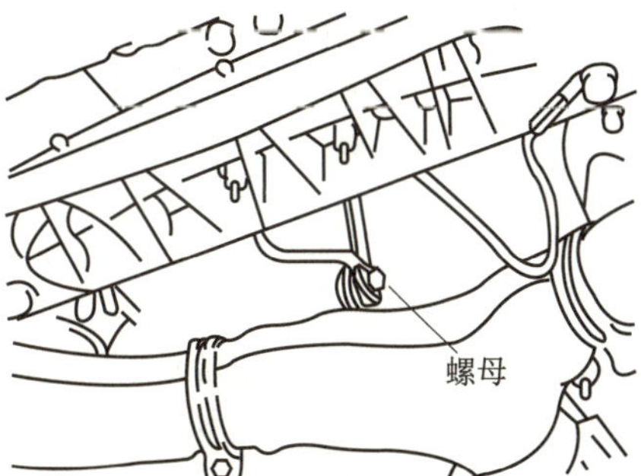
</td>
</tr>
</table>

初步检查	5. 空挡起动开关检查和调整。 检查发动机是否仅能在选挡杆位于 N 或 P 挡位时起动，在其他挡位不能起动。	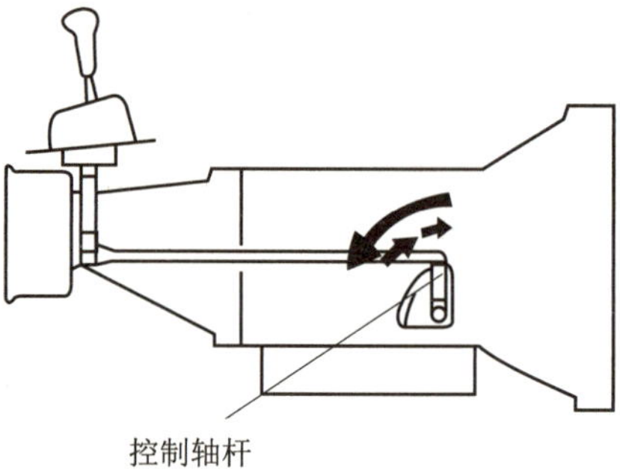
	6. 发动机怠速检查	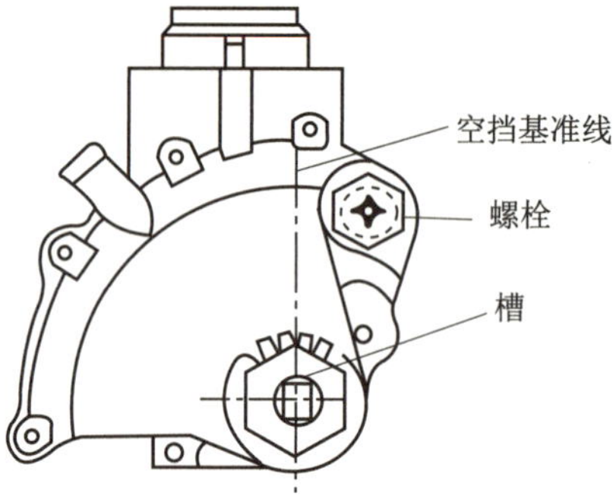
液力变矩器的检修	1. 检查液力变矩器外部有无损坏和裂纹，轴套外径有无磨损，驱动油泵的轴套缺口有无损伤。如有异常，应更换液力变矩器	
	2. 将液力变矩器安装在发动机飞轮上，用千分表检查变矩器轴套的偏摆量。如果在飞轮转动一周的过程中，千分表指针偏摆大于 0.03 mm，应采用转换角度重新安装的方法予以校正，并在校正后的位置上作一记号，以保证安装正确。若无法校正，应更换液力变矩器	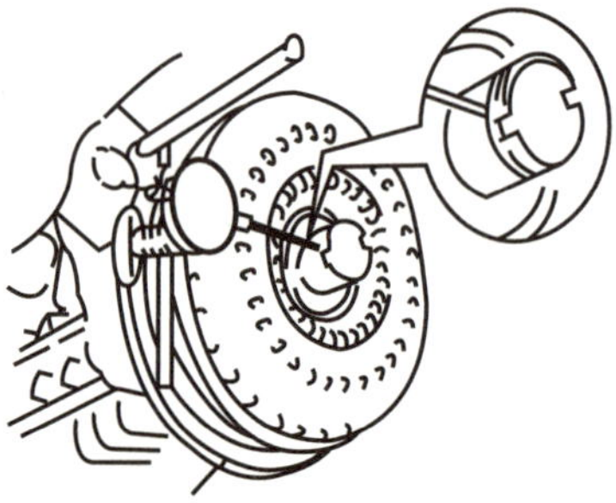
	3. 检查导轮单向超越离合器。 将单向超越离合器内座圈驱动杆（专用工具）插入变矩器中；将单向离合器外座圈固定器（专用工具）插入变矩器中，并卡在轴套上的油泵驱动缺口内。转动驱动杆，检查单向超越离合器工作是否正常。在逆时针方向上，单向超越离合器应锁止，顺时针方向上应能自由转动。如有异常，说明单向超越离合器损坏，应更换液力变矩器	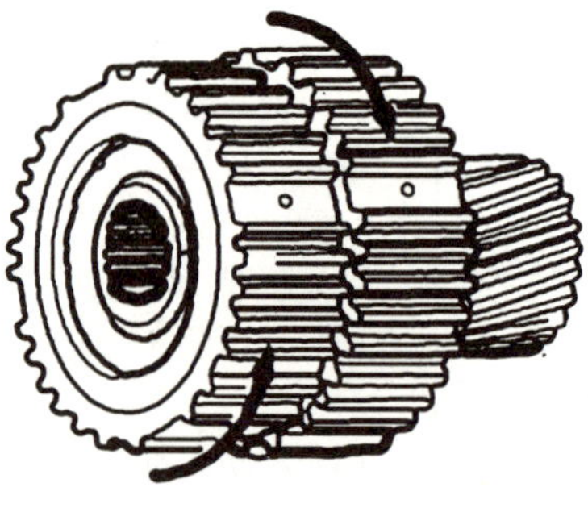

油泵的检修	**1. 拆卸油泵** （1）拆下油泵后端轴颈上的密封环。 （2）按照对称交叉的顺序依次松开转子轴与泵体的固定螺栓，打开油泵。 （3）用油漆在小齿轮上作一记号，取出齿轮。 （4）拆下油泵前端盖上的油封	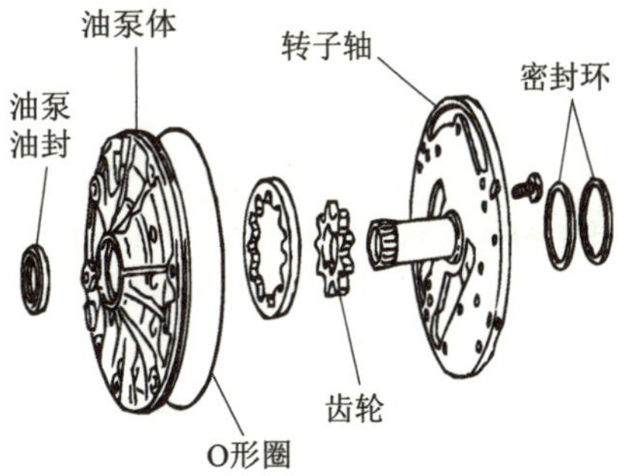
	2. 检查油泵：	
	（1）从动轮与泵体之间的间隙检查：用厚薄规测量从动轮与泵体之间的间隙，若间隙超过规定值，应更换油泵。	
	（2）从动轮齿顶与月牙板之间的间隙检查：用厚薄规测量从动轮齿顶与月牙板之间的间隙，若间隙超过规定值，应更换油泵。	
	（3）主动轮与从动轮的侧隙检查：用直尺和厚薄规测量主动轮与从动轮的侧隙，若间隙超过规定值，应更换油泵	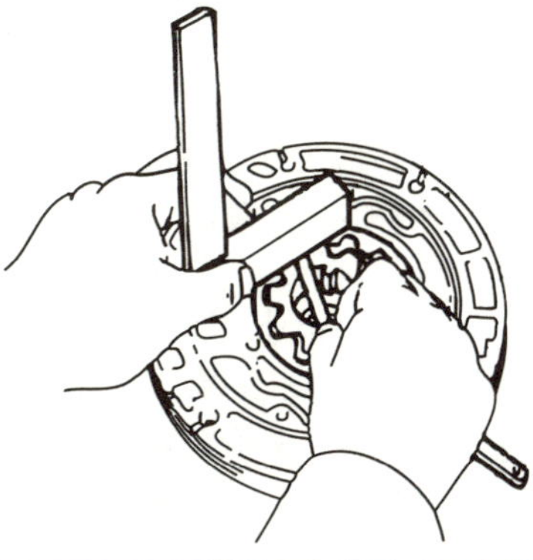

<table>
<tr>
<td>油泵的检修</td>
<td colspan="2">（4）检查油泵小齿轮、内齿轮、泵壳端面有无肉眼可见的磨损痕迹。如有，应更换新件。
（5）用量缸表或内径千分表测量泵体衬套内径，最大直径应该是 38.19 mm。如果衬套直径大于规定值，应更换油泵体。
（6）测量转子轴衬套内径。测量衬套前、后端的直径，前端最大直径是 21.58 mm，后端最大直径是 27.08 mm。如果衬套内径超出规定值，应更换转子轴。
（7）轴瓦磨损的检查。首先检查一下液力变矩器输出驱动油泵的轴颈，如果发现有磨损或伤痕，轻者可用细砂纸打磨，重者则需要更换。检查完轴颈后，可将带有轴瓦的油泵盖套入并用双手晃动，检查间隙是否过大。如果间隙过大，则需更换新的轴瓦。更换时，可使用专用工具把轴瓦压出后，再压入新的轴瓦</td>
</tr>
<tr>
<td rowspan="2">超速挡行星齿轮的检修</td>
<td colspan="2">在分解行星排、单向超越离合器时，应先认明各个单向超越离合器的锁止方向，其方法是：用手握住与单向超越离合器内、外圈连接的零件，分别朝不同方向做相对转动，检查并记下内、外圈的相对锁止方向。特别是在没有详细技术资料的情况下维修自动变速器时，一定要做好这一记录；否则，一旦分解后不能按原有安装方向装复，将会使自动变速器不能正常工作，必须再次分解自动变速器进行检查，造成返工</td>
</tr>
<tr>
<td>测量离合器片的厚度：
离合器片最小允许厚度为 1.84 mm。
对于离合器的主动片（驱动片），由于自动变速器的过热和液压油的污染，一些小的金属粉末聚积在摩擦衬片表面，会使其变色，容易造成磨损，因而，应检查衬片上印有的标记是否被磨掉，若被磨掉，应更换新的离合器片。对主动片两侧的衬片，还应检查其是否有破损、剥落或粘接不实等现象。另外，主动片上的花键槽口，在工作过程中会产生磨损和高温变化，检查时应予以注意。衬片上布有的沟槽，容易沉淀上油泥和其他杂质，如果不清洗干净，脱落下来会造成离合器早期打滑或烧蚀，如遇此现象，也应及时予以更换。经检查后，能继续使用的主动片，一定要清洗干净并晾干；安装时，将最里面的一片和最外面的一片调换位置，是一种较为有效的做法。
对于离合器的从动片，首先要检查其与主动片衬片的接触面，看有无损伤、生锈之处。轻微的生锈或损伤，可用细砂纸打磨，严重的应予以更换。同样，对摩擦片上的花键槽口也应进行检查，看是否有磨损、烧蚀等现象。此外，变速器液压油的污染和颜色变黑，多是由于离合器片间出现高温、烧结等造成的，所以在检查从动片时还应注意其工作表面有无伤痕、烧结和变色等。</td>
<td>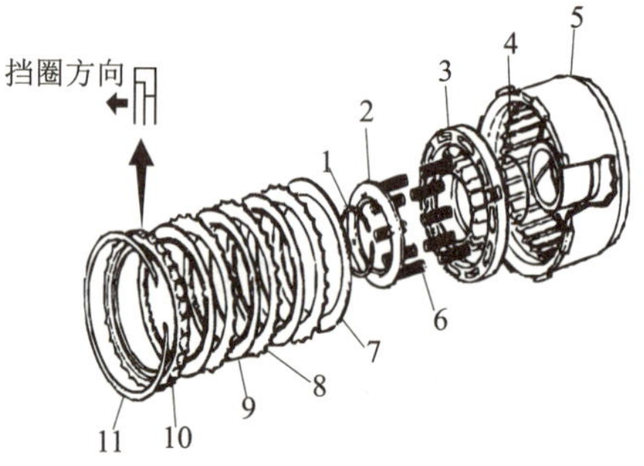
1—卡环；2—弹簧座；3—活塞；4—O 形圈；5—离合器毂；6—回位弹簧；7—碟形弹簧；8—从动钢片；9—主动摩擦片；10—压盘；11—卡环</td>
</tr>
</table>

超速挡行星齿轮的检修	对于离合器的推力盘，在离合器结合时被压缩变形，具有缓冲作用，故也称为缓冲盘。拆检时，将推力盘的外圆置于平台上并转动，用卡尺测量内圆各处高度的变化，来检测推力盘工作面是否为同一平面，若出现过大扭曲，应予以更换
	测量带有弹簧座的活塞回位弹簧的自由长度，标准长度应为 16.8 mm
	检查离合器活塞单向球阀。该球阀有的装在活塞上，有的装在离合器毂上。检查时，先振动活塞，判断能否听到球阀的动作声，观察球是否自由移动；然后将低压力压缩空气对准球阀的进口吹气，检查球阀的密封状况，看其能否起到单向球阀的作用。空气通过球阀时，不能泄漏
	用量缸表或内径千分表测量离合器毂衬套内径，最大直径不应大于 27.11 mm。如果衬套内径大于规定值，应更换离合器毂。对离合器毂应重点检查以下项目：检查与活塞配合的工作面有无损伤；检查毂内轴套上的密封槽是否清洁；检查毂外圆的工作面上有无损伤；检查离合器毂的轴承孔有无磨损。检查时可用内径千分尺进行测量，也可将轴装入后检查配合状况。检查从动片外部花键齿和毂内花键槽的配合面有无磨损或烧蚀；检查毂内轴套上的卡圈槽是否磨损或有损伤
	检查行星齿轮衬套内径，最大内径为 11.27 mm。如果衬套内径大于规定值，应更换行星齿轮 更多资料

案例集锦

故障现象：一辆丰田卡罗拉，汽车起步时窜车	一辆丰田卡罗拉，行驶 5 万 km，汽车起步时有窜车感觉。 **1. 故障现象** 在汽车起步时，由停车挡 (P 位) 或空挡 (N 位) 挂入倒挡 (R 位) 或前进挡 (D 位) 时，汽车振动较严重。 **2. 故障原因** 造成自动变速器换挡冲击大的原因有以下几方面： (1) 发动机怠速过高； (2) 节气门拉索或节气门位置传感器调整不当，使主油路油压过高； (3) 升挡过迟； (4) 真空式节气门阀的真空软管破裂或松脱； (5) 主油路调压阀有故障，使主油路油压过高； (6) 减震器活塞卡住，不能起减震作用； (7) 单向阀钢球漏装，换挡执行元件（离合器或制动器) 接合过快； (8) 换挡执行元件打滑； (9) 油压电磁阀不工作； (10) 电脑有故障。 **3. 故障诊断与排除** 经检查为主油路调压阀故障，更换调压阀，故障排除

<table>
<tr><td>故障现象：一辆丰田卡罗拉，换挡时有冲击感</td><td colspan="3">一辆丰田卡罗拉，行驶 25 万 km，自动变速器换挡时有冲击感。
在汽车起步，由驻车挡 (P 位) 或空挡 (N 位) 挂入倒挡 (R 位) 或前进挡 (D 位) 时，汽车振动较严重；在汽车行驶过程中，自动变速器升挡的瞬间汽车有较明显的闯动。
1. 故障原因
(1) 检查发动机怠速。装有自动变速器的汽车的发动机怠速一般为 750 r/min 左右。若怠速过高，应按标准予以调整。
(2) 检查节气门拉索或节气门位置传感器的调整情况。如不符合标准，应重新予以调整。
(3) 检查真空式节气门阀的真空软管。如有破裂，应更换；如有松脱，应接牢。
(4) 检查真空式节气门阀的真空软管。如有破裂，应更换；如有松脱，应接牢。
(5) 进行道路试验。如果有升挡过迟的现象，则说明换挡冲击大的故障是升挡过迟所致。如果在升挡之前发动机转速异常升高，导致在升挡的瞬间有较大的换挡冲击，则说明离合器或制动器打滑，应分解自动变速器，予以修理。
(6) 检测主油路油压。如果怠速时的主油路油压过高，则说明主油路调压阀或节气门阀有故障，可能是调压弹簧的预紧力过大或阀芯卡滞所致；如果怠速时主油路油压正常但起步进挡时有较大冲击，则说明前进离合器或倒挡及离合器的进油单向阀 A 球损坏或漏装，对此，应拆卸阀板，予以修理。</td></tr>
<tr><td>故障现象：一辆丰田卡罗拉，换挡时有冲击感</td><td>(7) 检测换挡时的主油路油压。在正常情况下，换挡时的主油路油压会瞬时下降。如果换挡时主油路油压没有下降，则说明减震器活塞卡滞，对此，应拆检阀板和减震器。
(8) 电子控制自动变速器如果出现换挡冲击过大的故障；电脑是否在换挡的瞬间向油压电磁阀发出控制信号。如果线路有故障，应予以修复；如果电磁阀损坏，应更换电磁阀；如果电脑在换挡的瞬间没有向油压电阀发出控制信号，则说明电脑有故障，对此，应更换电脑。经检查发现超速挡换挡电磁阀故障，更换电磁阀，故障排除。
经检查变速器离合器摩擦片磨损过度，另外由于在换挡瞬间电脑并没有向油压电磁阀发出控制信号，因此电脑也存在故障。故障解决：维修技师拆解了自动变速箱，更换了磨损件与电脑，装复，试车，故障排除</td><td>更多案例</td><td></td></tr>
</table>

学习单元 5　四轮驱动系统故障诊断

<table>
<tr><td>工作任务</td><td>排除四轮驱动系统故障</td><td>教学模式</td><td>任务驱动</td></tr>
<tr><td>建议学时</td><td>6 学时</td><td>教学地点</td><td>一体化实训室</td></tr>
<tr><td>任务描述</td><td colspan="2">一辆索兰托 2.4 汽车，在市区道路行驶时“4WD LOCK”灯点亮。该灯点亮时，最高车速只能达到 40km/h，同时热车熄火后不好起动。
对于有故障的四轮驱动系统应先进行性能检验，以确认其故障范围，为进一步的分解修理提供依据。修前检测是从诊断故障和确定修理部位出发，在车上做必要的检查或测试</td><td>故障现象</td></tr>
</table>

学习目标	1. 能够按照正确的操作规程进行故障诊断排除，树立良好的安全文明操作意识。 2. 能够根据维修手册和其他资源分析四轮驱动系统的常见故障原因。 3. 能在规定时间内诊断四轮驱动系统故障，排除并验证排除结果。 4. 能够主动获取信息，展示学习成果，对工作过程进行总结与反思，与他人进行有效沟通和团结协作。 5. 能够运用所学知识，为顾客使用四轮驱动系统提出合理化建议	
设备器材	四轮驱动系统试验台 1 台，工具车 1 台，测量工具 1 套，备件若干套，维修手册 1 份，网络资源	

故障诊断思路

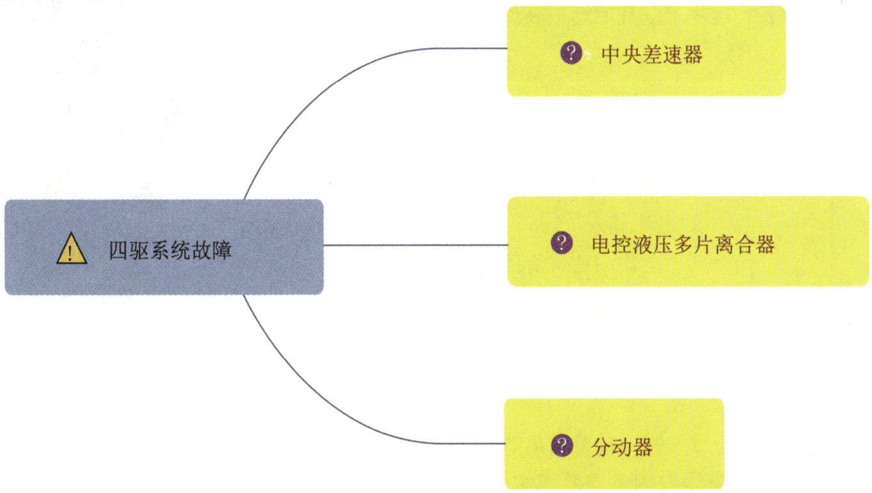

知识充电站

中央差速器锁	中央速器锁是安装在中央差速器上的一种锁止机构，用于四轮驱动车。其作用是提高汽车在坏路面上的通过能力，即当汽车的一个驱动桥空转时，能迅速锁死差速器，使两驱动桥变为刚性连接。这样就可以把大部分的扭矩甚至全部扭矩传给不滑转的驱动桥，充分利用它的附着力而产生足够牵引力，使汽车能够继续行驶	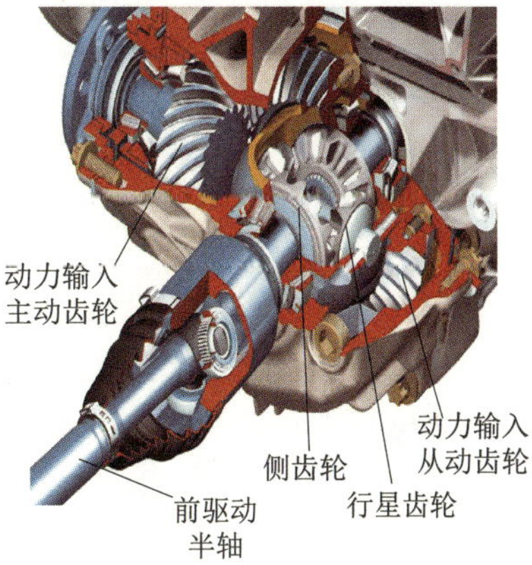

<table>
<tr>
<td>托森式差速器</td>
<td>托森式差速器 (Torsen Differential)，也称为托森式自锁差速器，它利用蜗轮蜗杆传动的不可逆性原理和齿面高摩擦条件，使差速器根据其内部差动转矩（即差速器的内摩擦转矩）的大小而自动锁死或松开，即当差速器内差动转矩较小时起差速作用，而当差速器内差动转矩过大时差速器将自动锁死，这样可以有效地提高汽车的通过能力</td>
<td>
</td>
</tr>
<tr>
<td>电控液压多片离合器</td>
<td>多片离合器与输入轴采用花键连接，输出轴与壳体连接，壳体内侧也安装了多片离合器片，在液压作用下推动离合器片接合，产生摩擦力，从而把动力传递给后轮。液压则是完全通过电脑对电磁阀的控制来实现的</td>
<td>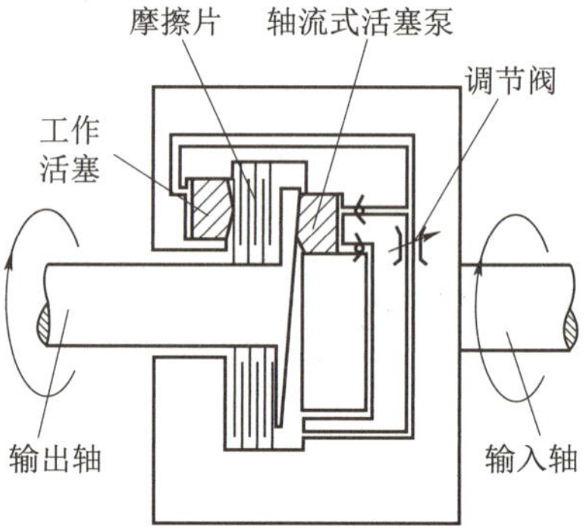
</td>
</tr>
<tr>
<td>电子差速锁</td>
<td>电子差速锁（Electronic Limited Slip Differential）原理和机械差速锁的原理一样，必要时（比如一个后轮完全打滑）可将两个后轮连接在一起。很多四驱轿车不提供这个功能，很简单，若四驱结构复杂，则会增加费用和故障率</td>
<td>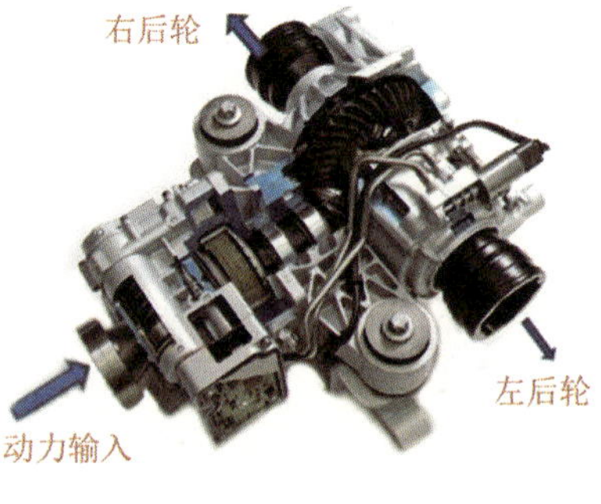
</td>
</tr>
</table>

<table>
<tr><td rowspan="2">分动器</td><td>分动器的功用就是将变速器输出的动力分配到各驱动桥，并且进一步增大扭矩，其是 4×4 越野车汽车传动系中不可缺少的传动部件。它的前部与汽车变速箱连接，将其输出的动力经适当变速后同时传给汽车的前桥和后桥，此时汽车全轮驱动，可在冰雪、泥沙和无路的地区行驶</td><td colspan="2">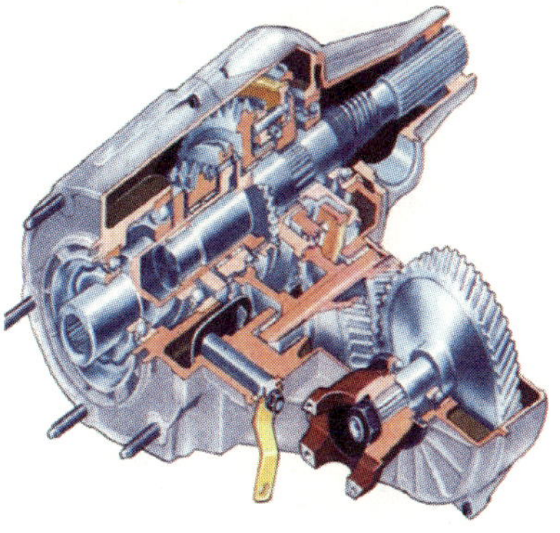</td></tr>
<tr><td>牵引事项注意：牵引自动挡全时四轮驱动汽车时，一般不能让两个车轮旋转、另外两个车轮固定，因为这样做将使汽车无法驱动。例如奥迪 Q7 等四轮驱动汽车采用了托森中央差速器，它完全不同于传统差速器，不允许在抬起前桥或后桥的情况下由拖车牵引，而应四轮着地时牵引，或者整车装在运输车上牵引</td><td>更多资料</td><td></td></tr>
</table>

案例集锦

<table>
<tr><td>故障现象：一辆斯巴鲁 2.0 轿车，转弯时后轮制动</td><td colspan="3">一辆斯巴鲁 2.0 轿车，手自一体电控 4 速变速器，行驶里程 9.8 万 km，该车转弯时后轮发出沉闷的振动声并且出现严重的转弯制动现象。斯巴鲁汽车采用全时四轮驱动系统，车辆直线行驶时，前、后周轴的动力分配比为 50：50，转弯时由分动器的负荷电磁阀根据前、后轮的转速差，调整通往分动器离合器的油压。
经过反复检查发现，分动器的负荷电磁阀故障，更换电磁阀，故障排除</td></tr>
<tr><td>故障现象：一辆马自达四驱车，四驱系统故障灯一直点亮</td><td>一辆马自达四驱车，手自一体电控 4 速变速器，行驶里程 9.8 万 km，四驱故障灯点亮。采用全时四轮驱动系统，车辆直线行驶时，前、后周轴的动力分配比为 50：50，转弯时由分动器的负荷电磁阀根据前、后轮的转速差，调整通往分动器离合器的油压。
经检查分动器的电控液压离合器摩擦片严重磨损，更换，故障排除</td><td>更多资料</td><td></td></tr>
</table>

学习项目三　转向及行驶系统典型故障诊断

学习单元 1　汽车转向沉重故障诊断

工作任务	排除汽车转向沉重故障	**教学模式**	任务驱动
建议学时	6 学时	**教学地点**	一体化实训室
任务描述	有一辆现代悦动轿车，汽车行驶中转动转向盘阻力较大，且无回正感，低速行驶或掉头时转动转向盘比较费力。作为维修技工，需要根据维修手册，使用诊断仪，参考相关资料排除故障，恢复转向系统正常工作状态，提出合理化使用建议，并最终检验合格后交付前台		故障现象
学习目标	1. 能够按照正确的操作规程进行故障诊断排除，树立良好的安全文明操作意识。 2. 能够根据维修手册和其他资源分析转向系统的常见故障原因。 3. 能在规定时间内诊断转向沉重故障，排除并验证排除结果。 4. 能够主动获取信息，展示学习成果，对工作过程进行总结与反思，与他人进行有效沟通和团结协作。 5. 能够运用所学知识，为顾客使用转向系统提出合理化建议		
设备器材	现代悦动轿车 1 辆，工具车 1 台，油压表 1 套，温度计 1 只，轮胎气压表 1 只，四轮定位仪 1 台，举升设备 1 套，维修手册，网络资源		

故障诊断思路

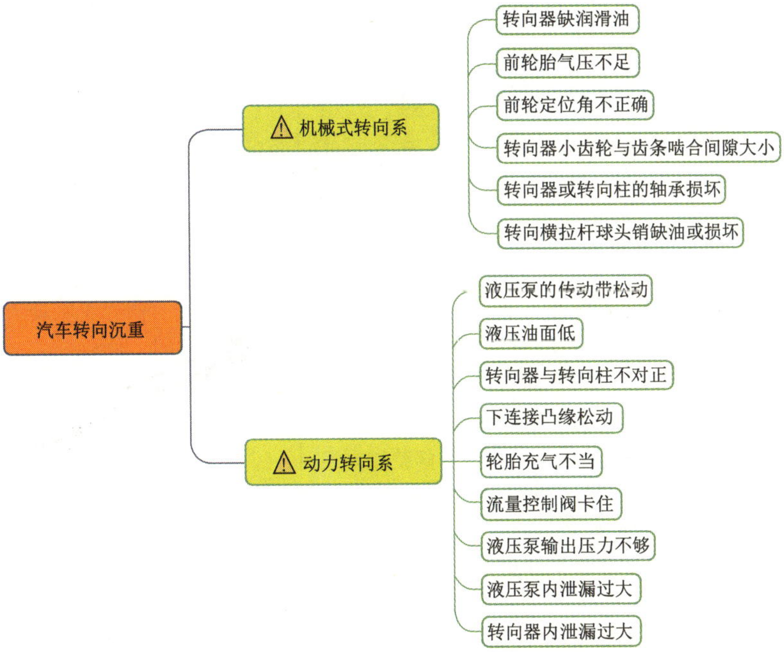

知识充电站

汽车转向沉重原因	1. 转向油罐缺油或油液高度低于规定要求。 2. 液压回路中渗入了空气。 3. 油泵驱动皮带过松或打滑。 4. 各油管接头处密封不良，有泄漏现象。 5. 油路堵塞或滤清器污物太多。 6. 油泵磨损，内部泄漏严重。 7. 油泵安全阀、溢流阀泄漏，弹簧弹力减弱或调整不当。 8. 动力缸或转向控制阀密封损坏	
转向油罐检测方法	1. 检查转向油罐内的油液质量和液面高度，若油液变质，则应重新更换规定油液。若只是液面低于规定高度，应加油使油面达到规定位置。 2. 检查转向油罐内的滤清器，若发现滤网过脏，说明滤清器堵塞，应清洗；若发现滤网破裂，说明滤清器损坏，应更换	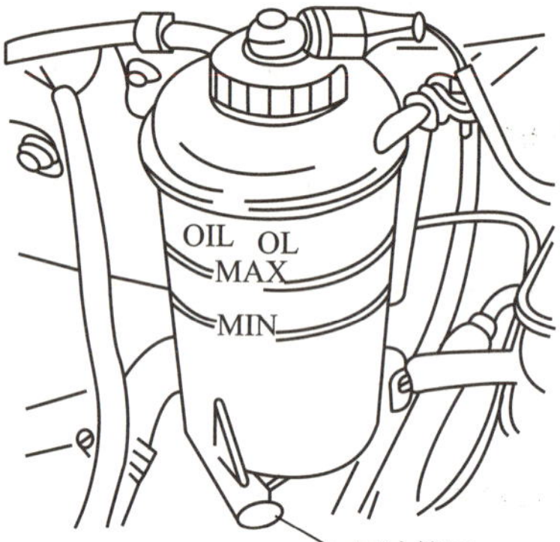
转向油泵驱动部分的检测方法	1. 用手压下转向油泵的驱动皮带，检查皮带的松紧度，若皮带过松，应调整。 2. 起动发动机，使发动机怠速运转，突然提高发动机的转速，检查转向油泵驱动皮带有无打滑现象，发现问题后应按规定更换性能不良的部件	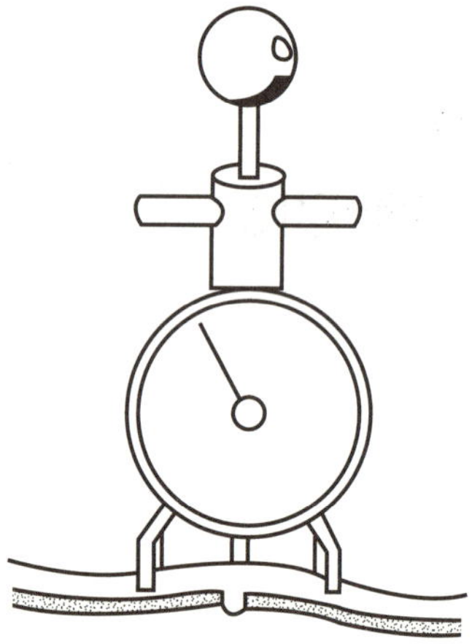
油路管接头的检测方法	1. 检查油路中是否渗入空气，如果发现油罐中的油液有气泡，说明油路中有空气渗入，应检查各油管接头和接合面的螺栓是否松动、各密封件是否损坏、有无泄漏现象、油管是否破裂等。对于出现故障的部位应进行修整和更换，并进行排气操作，最后重新加入油液。 2. 检查各油管接头等处有无泄漏、油路中是否有堵塞，查明故障后按规定力矩拧紧有关接头或清除污物	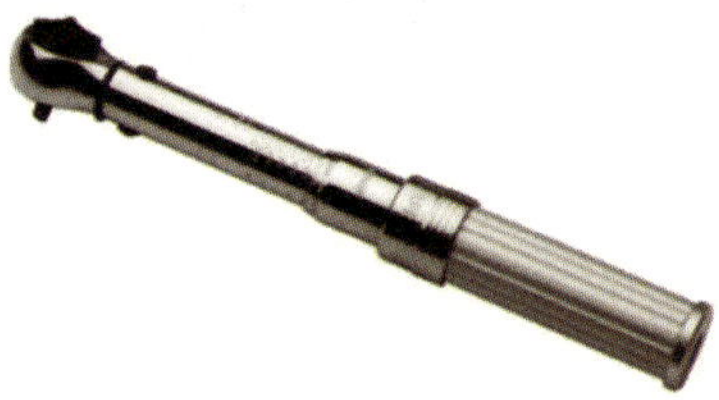 扭力扳手

转向油压力检测方法	对转向油泵进行输出油压检查，如果油泵输出压力不足，说明油泵有故障，此时应分解油泵，检查油泵是否磨损或内部泄漏严重，安全阀、溢流阀是否泄漏或卡滞，弹簧弹力是否减弱或调整不当，各轴承是否烧结或严重磨损等。对于叶片泵还应检查转子上的密封环或油封是否损坏，对于齿轮泵应检查齿轮间隙是否过大等，查明故障予以修理，必要时更换油泵	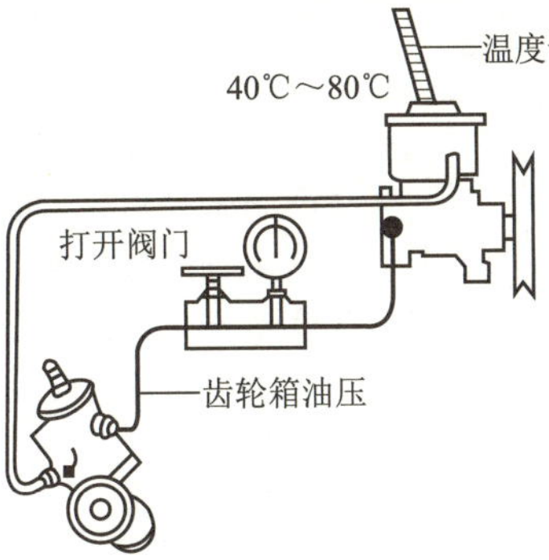
轮胎气压检测方法	检查轮胎气压应符合车型要求	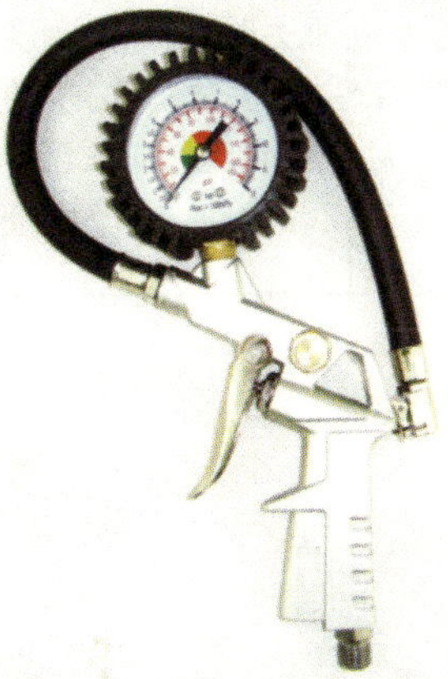 胎压表

液压动力转向系的主要部件转向器和转向油泵的学习，请扫描二维码	更多资料	

案例集锦

故障现象：本田汽车转向沉重，检查转向盘，转动力，其值大于 30 N	**检查与排除：** 1. 检查储油罐是否缺油、转向油泵驱动皮带是否打滑，同时确认系统内无空气。若是缺油或皮带打滑，转向助力泵皆不能正常工作且没有助力，若油中混有气体，则由于气体具有可压缩性，因而起不到助力作用。加满油或换油、更换清洁皮带排气便可排除相应故障。 2. 检查转向油泵的压力。在压力控制阀和截流阀全开的情况下测量怠速时的静态油压应小于等于 1 500 kPa，否则应检查动力转向器与动力转向油泵之间的进油和回油管路是否堵塞、老化或变形。若没问题，则说明转向器转阀有故障。 3. 如果检测的动力转向油泵的压力正常，则在压力控制阀和节流阀全闭的情况下测量怠速时的油泵卸荷压力应为 7 200 ～ 7 800 kPa。若压力过低，则检查流量控制阀与油泵总成是否正常。 4. 如果上述检查均正常，则检查转向盘向左、向右转动时的动力，两者的差值应小于等于 2.9 N，否则应检查油缸管路是否变形或安装不当。若正常，则检查齿条轴是否变形、齿条导向螺塞调整是否过紧。若也正常，则说明转向控制阀有故障。

故障现象：本田汽车转向沉重，检查转向盘，转动力，其值大于30 N	5. 如果左、右两方向转向盘转向力差值正常，则应检查并调整齿条导向螺塞。若通过调整齿条导向螺塞不能消除上述故障，则应更换动力转向器。若齿条导向调整正常，则应检查动力转向装置以外的零部件是否有故障： （1）转向轴相关零部件卡滞、转动不自如； （2）转向万向节是否有故障； （3）各球头销装配过紧或缺油； （4）转向系统内机件相互干涉		
故障现象：一辆丰田轿车，使用中车辆转弯时转向盘有生硬和跳动现象	故障检查与排除： 1. 检查转向油泵传动带是否打滑，致使油泵瞬时停止工作而失去助力作用。如果是，则调整传动带预紧力或更换皮带。 2. 安装压力表，在压力控制阀和节流阀完全关闭的情况下测量油泵压力。如果油泵压力超过 500 kPa，则应检查流量控制阀是否正常。如果正常，则更换转向油泵总成	更多案例	

学习单元 2　汽车自动跑偏及侧滑故障诊断

工作任务	排除汽车自动跑偏及侧滑故障	教学模式	任务驱动
建议学时	6 学时	教学地点	一体化实训室
任务描述	有一辆现代悦动轿车，汽车行驶时不能保持直线方向，自动向一侧跑偏；当汽车行驶中遇到有制动和转向时，车轮在路面上产生横向侧滑，导致行驶跑偏。作为维修技工，需要根据维修手册，使用诊断仪，参考相关资料排除故障，恢复行驶系统正常工作状态，提出合理化使用建议，并最终检验合格后交付前台	故障现象	
学习目标	1. 能够按照正确的操作规程进行故障诊断排除，树立良好的安全文明操作意识。 2. 能够根据维修手册和其他资源分析行驶系统的常见故障原因。 3. 能在规定时间内诊断跑偏及侧滑故障，排除并验证排除结果。 4. 能够主动获取信息，展示学习成果，对工作过程进行总结与反思，与他人进行有效沟通和团结协作。 5. 能够运用所学知识，为顾客使用行驶系统提出合理化建议		
设备器材	现代悦动轿车 1 辆，工具车 1 台，油压表 1 套，温度计 1 只，轮胎气压表 1 只，四轮定位仪 1 台，轮胎动平衡机 1 台，举升设备 1 套，维修手册，网络资源		

故障诊断思路

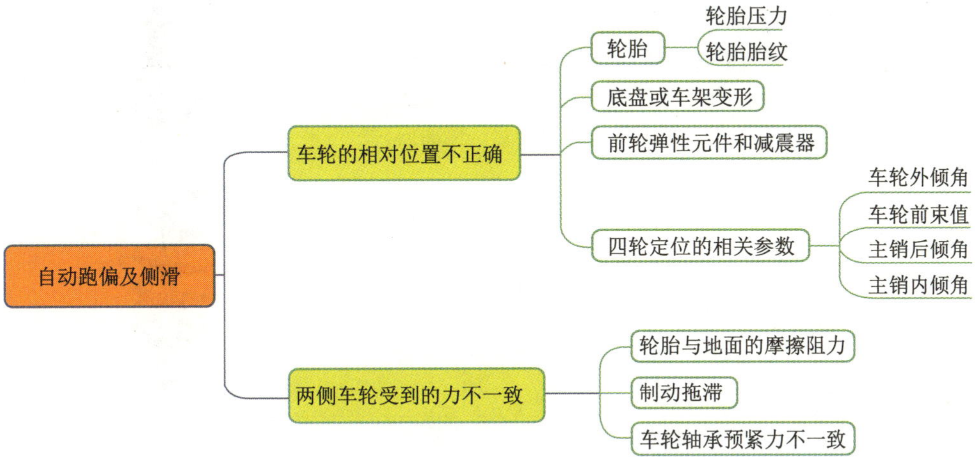

知识充电站

汽车自动跑偏及侧滑原因	1. 轮胎的影响。 2. 底盘或车架变形的影响。 3. 前轮弹性元件和减震器的影响。 4. 四轮定位的相关参数的影响。 5. 制动拖滞的影响。 6. 轴承预紧力的影响	
轮胎的影响	1. 汽车车轮的正常压力一般为 2 ~ 2.5 bar，在行驶一段时间以后，会出现左、右轮胎胎压不一致的情况。这将导致汽车左、右车身一边高、一边低。如果左侧胎压高于右侧，车身向右倾斜，右侧车轮的正外倾角会随之增大。正的外倾角会导致车辆向前行驶时产生侧滑。左、右两侧胎压的不一致导致车身右倾时，右侧车轮的正外倾角大于左侧车轮的正外倾角，便会使汽车向右偏。 2. 汽车长时间没有做车轮动平衡会导致车轮轮胎出现较为严重的磨损，如果左、右车轮的磨损量不同，也会出现车身倾斜，使左、右两侧外倾角不一致而导致汽车行驶跑偏	 轮胎动平衡仪
底盘或车架变形的影响	底盘车架的变形会使左、右两侧的车轴长度不相等，导致汽车行进时绕前轮轴线和后轮轴线的交点转动，最终导致汽车向右跑偏	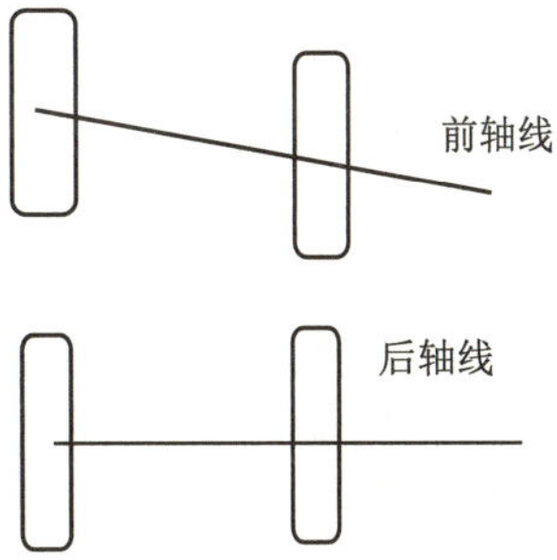

前轮弹性元件和减振器的影响	1. 弹性元件在汽车行驶时，受到由于路面不平引起的对车身的交变冲击载荷，时间一长，会导致汽车弹性元件出现疲劳现象，使弹性元件失效，承受并传递垂直载荷的能力大大下降，情况更严重的会明显看到车身的倾斜。车身倾斜必然导致汽车一侧正外倾角大于另一侧而向一边偏行。 2. 一侧减震器失效后，汽车在行驶时一旦受到路面对车身的冲击，就会出现减震器失效，使一侧车身由于弹性元件的作用而上下振动。另一侧由于减震器工作良好，减震效果明显，振动较小，便会使车身出现微小的左右跑偏现象。汽车在高速行驶时出现这种情况是很危险的	
外倾角的影响	正的外倾角使车轮顶部朝外倾斜，当车辆向前行驶时，车轮要朝外滚动，从而产生向外的侧滑。 负的外倾角使车轮顶部朝内倾斜，当车辆向前行驶时，车轮要朝内滚动，从而产生向内的侧滑。 当汽车左、右的外倾角不一致并超过一定的范围时，就会使左、右两侧车轮产生的侧滑量不一致，致使汽车向侧滑较大的一侧偏行	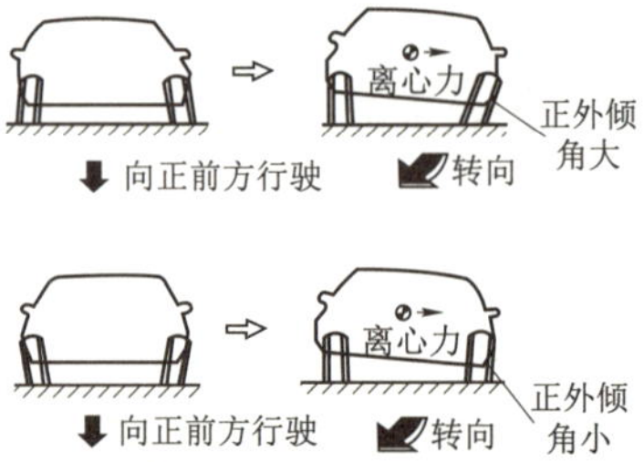
轮胎前束值的影响	外倾角产生的侧滑会造成轮胎的磨损，前束就是用于消除外倾角的侧滑的。前束在一定的范围内能明显消除外倾角产生的侧滑，但是当出现前束角不一致并超过一定的范围时就会导致汽车向一侧跑偏。当 $\alpha<\beta$ 时，右轮向左跑偏的作用大于左轮向右跑偏作用，二者共同的作用就会导致汽车向左偏行	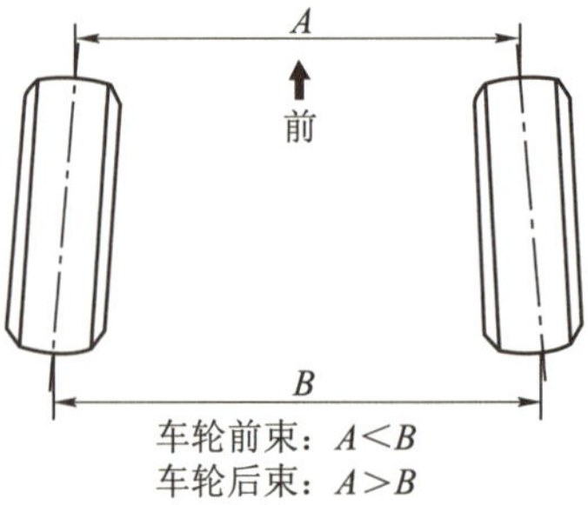
主销后倾角的影响	主销后倾角能使转向盘自动回正，增进汽车直线的行驶稳定性	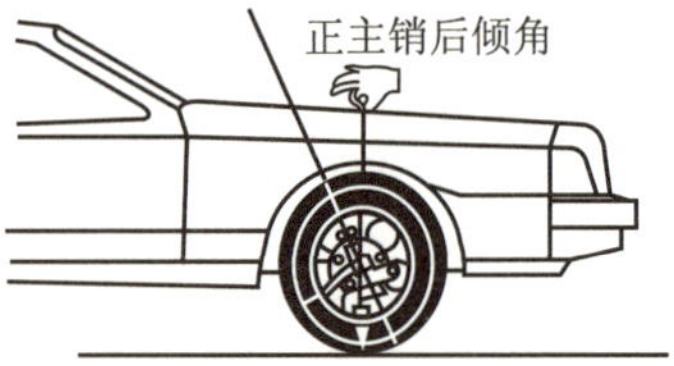
主销内倾角的影响	内倾角一般是不可调整的角度，对车辆行驶跑偏影响不大。对行驶中的车辆而言，影响车辆跑偏的主要四轮定位参数是车轮外倾角和前束。如果后倾角和前束调整正常，则能有效发挥外倾角和前束的有益作用。一旦外倾角和前束出现变化，对汽车行驶跑偏的影响是很明显的	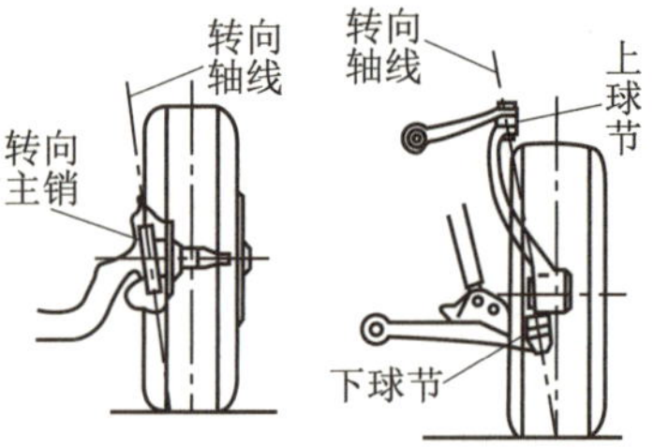

制动拖滞的影响	在行车制动中，当抬起制动踏板后，全部或个别车轮的制动作用不能完全、立即解除，以致影响车辆重新起步、加速行驶或滑行。当某侧车轮出现制动拖滞时，因左、右两侧车轮受到的制动力不同而使得两侧车轮的转动线速度不同，这就导致了汽车向出现制动拖滞的一侧行驶跑偏	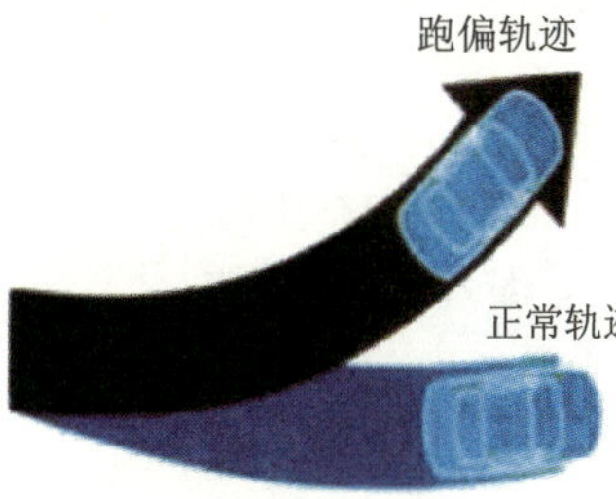
轴承预紧力的影响	在装配汽车时，轮轴的轴承都留有一定的预紧力。汽车设计要求左、右两侧的轴承预紧力一致，一旦汽车两侧的轮轴轴承预紧力不一致，或是在事故中的碰撞使轴承有所变形，就会导致汽车两侧车轮绕车轴的转动阻力不同。最终的结果就是使两侧车轮转动线速度不同而导致行驶跑偏	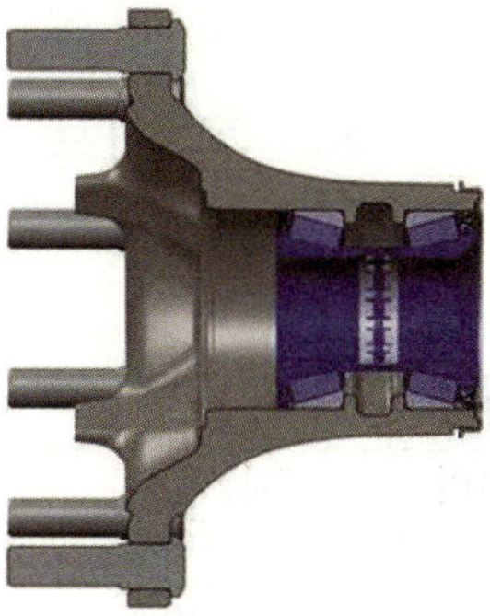

四轮定位仪的使用，请扫描二维码	更多资料	

案例集锦

故障现象：一辆行驶里程有1 000 km的三菱猎豹黑金刚，该车用两驱模式行驶正常，用四驱模式行驶，急踩加速踏板时车辆向右跑偏，松开加速踏板时车辆向左跑偏	**检查与排除：** 检查轮胎气压及底盘各部位螺栓的紧固情况，均无异常；检查车身左、右两侧高度，正常；检查轮胎、轮辋、同轴两侧轮胎的花纹等，均无异常；检查转向及其连接机构、悬架装置等，均正常；检查各制动轮缸的回位情况，均正常。进行四轮定位，检查结果为：前束值为3.4 mm（标准值为3.5 mm ± 3.5 mm），左前轮、右前轮外倾角分别为0°04'、0°44'（标准值为0°40'±30'），左前、右前主销后倾角分别为2°04'、3°48'（标准值为3°±1°），轴距为2 732 mm（标准值为2 725 mm ± 16 mm），主销内倾角无参数。把左前轮外倾角调整至0°44'后路试，故障依旧。为了纠正车辆向左跑偏，特意将左前外倾角加大至0°50'后路试，故障依旧。 在排除转向、制动及悬架等系统部件损坏或螺栓松动，以及四轮定位参数失准等因素外，推断可能导致该车故障的原因有：轮胎问题；前驱动桥和后驱动桥的减速器传动比不一致。仔细检查轮胎，发现该车安装的不是原厂配备的235/85 r16规格的轮胎，而是265/70 r16规格的雪地轮胎。换上原厂配备的轮胎，车辆行驶一切正常，故障彻底排除

故障现象：一辆奔驰CLK280轿跑，行驶了9 000 km，因为方向严重跑偏来厂检测	故障检查与排除： 1. 将车停放在四轮定位台架上，检测轮胎气压、底盘工况、四轮定位，一切正常，数据值都在标准值范围之内，而且偏差并不大。 2. 将左、右两个减震器对调位置，发现跑偏现象大为改善。 3. 将右前外倾角推小，试车后跑偏消除	更多案例	

学习单元 3　汽车轮胎异常磨损故障诊断

工作任务	排除汽车轮胎异常磨损故障	教学模式	任务驱动
建议学时	6 学时	教学地点	一体化实训室
任务描述	有一辆现代悦动轿车，汽车行驶过程中，轮胎磨损加剧，使用寿命缩短。作为维修技工，需要根据维修手册，使用诊断仪，参考相关资料排除故障，恢复轮胎正常使用状态，提出合理化使用建议，并最终检验合格后交付前台		故障现象
学习目标	1. 能够按照正确的操作规程进行故障诊断排除，树立良好的安全文明操作意识。 2. 能够根据维修手册和其他资源分析行驶系统的常见故障原因。 3. 能在规定时间内诊断轮胎异常磨损故障，排除并验证排除结果。 4. 能够主动获取信息，展示学习成果，对工作过程进行总结与反思，与他人进行有效沟通和团结协作。 5. 能够运用所学知识，为顾客使用轮胎提出合理化建议		
设备器材	现代悦动轿车 1 辆，工具车 1 台，轮胎气压表 1 只，前束尺 1 把，四轮定位仪 1 台，轮胎动平衡机 1 台，举升设备 1 套，维修手册，网络资源		

故障诊断思路

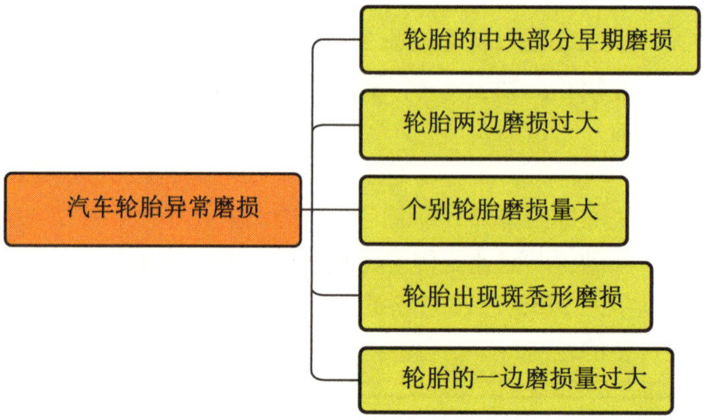

知识充电站		
汽车轮胎异常磨损原因	1. 经常在山路行驶，使用斜角轮胎。 2. 轮胎充气过多，胎压过高。 3. 轮胎胎压过低。 4. 轮胎四轮定位不准。 5. 转向机构参数改变。 6. 轮胎动平衡不良。 7. 车辆紧急制动	
轮胎花纹中央磨损处理方法	适当提高轮胎的充气量，可以减小轮胎的滚动阻力，节约燃油。但充气量过大时，不但会影响轮胎的减震性能，还会使轮胎变形量过大、与地面的接触面积减小，正常磨损只能由胎面中央部分承担，形成早期磨损。如果在窄轮辋上选用宽轮胎，也会造成中央部分早期磨损。检查胎压，若比规定值高，则根据车辆轮胎厂家规定的参数值调整胎压至标准范围内	
胎面花纹两边磨损处理方法	主要原因是充气量不足，或长期超负荷行驶。充气量小或负荷重时，轮胎与地面的接触面大，使轮胎的两边与地面接触参加工作而形成早期磨损。检查胎压，若比规定值低，则根据车辆轮胎厂家规定的参数值调整胎压至标准范围内	
个别轮胎磨损量大处理方法	个别车轮的悬挂系统失常、支承件弯曲或个别车轮不平衡都会造成个别轮胎早期磨损。出现这种情况后，应检查车轮磨损严重的定位及独立悬挂弹簧和减震器的工作情况，同时应缩短车轮的换位周期	

轮胎出现斑秃形磨损处理方法	在轮胎的个别部位出现斑秃性严重磨损的原因是轮胎平衡性差。当不平衡的车轮高速转动时，个别部位受力大，磨损加快，同时转向发抖，操纵性能变差。若在行驶中发现某一个特定速度方向有轻微抖动，则应对车轮进行平衡，以防出现斑秃形磨损	
轮胎的一边磨损量过大处理方法	主要原因是前轮定位失准。如果车辆前束过大甚至为负前束（就是我们通俗称的外“八”字或是倒“八”字），往往容易引起左、右轮胎对称性的内侧磨损；反之，如果车辆前束过小，往往容易左、右轮胎对称性的外侧磨损。一般来说这两种情况均可通过四轮定位的调整方法解决	

轮胎的维护作业及轮胎换位的学习，请扫描二维码	更多资料

案例集锦

故障现象：一辆 BJ4241S MFJB-1 前桥左侧与后桥右侧吃胎严重	故障检查与排除： 1. 更换前桥压力轴承、转向节、前桥及前钢板弹簧，检修中桥及前桥前束，更换推力杆及轮胎钢圈，但未解决轮胎吃胎问题。 2. 对待此类故障模式，若是前后桥对角线轮胎吃胎，应重点检查车架是否变形，尤其是重载下的变形情况	更多资料

学习单元 4　汽车主动悬架故障诊断

工作任务	排除汽车主动悬架故障	**教学模式**	任务驱动
建议学时	6 学时	**教学地点**	一体化实训室
任务描述	有一辆现代名图轿车，汽车行驶时，有车身前部下沉现象。作为维修技工，需要根据维修手册，使用诊断仪，参考相关资料排除故障，恢复悬架系统正常工作状态，提出合理化使用建议，并最终检验合格后交付前台		故障现象
学习目标	1. 能够按照正确的操作规程进行故障诊断排除，树立良好的安全文明操作意识。 2. 能够根据维修手册和其他资源分析悬架系统的常见故障原因。 3. 能在规定时间内诊断悬架系统故障，排除并验证排除结果。 4. 能够主动获取信息，展示学习成果，对工作过程进行总结与反思，与他人进行有效沟通和团结协作。 5. 能够运用所学知识，为顾客使用主动悬架系统提出合理化建议		
设备器材	现代名图轿车 1 辆，工具车 1 台，解码仪 1 台，油压表 1 套，轮胎气压表 1 只，四轮定位仪 1 台，举升设备 1 套，维修手册，网络资源		

故障诊断思路

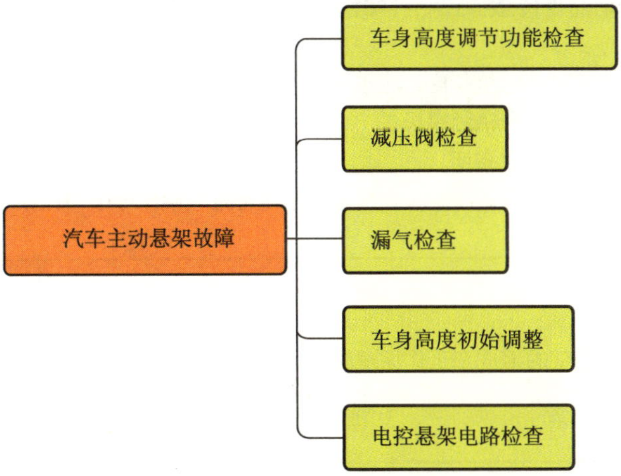

知识充电站	
汽车车身前部下沉原因	1. 前悬架滑柱内部故障。 2. 主动悬架前轴液压控制阀电路故障。 3. 主动悬架前轴液压控制阀内部故障。 4. 主动悬架电子控制单元故障或软件故障
车身高度调节功能检查方法	通过操作高度控制开关来检查汽车车身高度的变化。 1. 检查轮胎充气压力是否正确。 2. 检查汽车高度。 3. 起动发动机，将高度控制开关从“NORM”位置切换到“HIGH”位置。检查完成高度调整所需的时间和汽车车身高度的变化量。 4. 在汽车处于“HIGH”高度时，起动发动机并将高度控制开关从“HIGH”位置切换至“NORM”位置。检查完成高度调整所需的时间和汽车车身高度的变化量
减压阀检测方法	迫使压缩机工作以检查减压阀的动作，方法如下： 1. 将点火开关转到“ON”位置，连接高度控制连接器的端子 3 和 6，使压缩机工作。 注意：连接时间不能超过 15 s。 2. 压缩机工作一段时间后，检查减压阀应有空气逸出。 3. 将点火开关转至“OFF”位置。 4. 清除故障代码
漏气的检测方法	检查空气悬架系统的软管、硬管及其连接处是否漏气。步骤如下： （1）将高度控制开关切换至“HIGH”位置，升高车身。 （2）发动机熄灭。 （3）在软、硬管连接处涂抹肥皂水，检查是否有漏气
车身高度初始调整检测方法	此项调整是使车身初始高度处于标准范围内。调整时，高度控制开关必须在“NORM”位置，汽车要停在平坦的路面上。 1. 检查车身高度。 2. 测量高度传感器控制杆的长度。 标准值为：（前）59.3mm；（后）35.0 mm。若测量值不符，则按下述第 3 步进行调整。 3. 调整车身高度。 （1）拧松高度传感器控制杆上的 2 个锁紧螺母。 （2）转动高度传感器控制杆螺栓以调节长度。螺栓每转一圈，车身高度的改变量约为 5 mm。 （3）检查控制杆螺栓长度，应小于：（前）10 mm；（后）14 mm。 （4）暂时拧紧 2 个锁紧螺母。 （5）再次检查车身高度。 （6）拧紧锁紧螺母。注意：在拧紧锁紧螺母时应确保球节与托架平行。 4. 检查车轮定位
	汽车主动悬架的组成及工作原理的学习，请扫描二维码　　更多资料

案例集锦

故障现象：一辆奔驰S600轿车（顶级配置车型），配置电子控制主动悬架系统（ABC），出现车身前边下沉的故障	1. 检查储油罐液位，储油量在正常范围。检查系统液压管路，无破损泄漏现象。 2. 拆开两前悬架滑柱油管接头，在前悬架滑柱油管接头连接压缩空气，检查两根前悬架滑柱能否正常动作：两根前悬架滑柱均能平缓伸长，说明前悬架滑柱内部正常，无损坏。 3. 采用奔驰专用检测仪器检测分析：接上奔驰专用检测仪，选择车型，进入底盘界面，进入主动悬架（ABC）系统，检查主动悬架（ABC）电子控制单元（N51/2）软件版本为最新版本，即无软件故障，读取故障码为C1347-000，其内容为主动悬架控制（ABC）前轴液压控制阀压力不足。 4. 拆下前轴控制阀体并检查，发现控制阀内部密封元件破损，根据配件编码，更换主动悬架控制（ABC）前轴控制阀，补充原厂液压油，再次连接奔驰专用检测仪器清除故障码。起动发动机并进入检测仪的车身高度调整选项，用车身高度检测仪实测每一个前悬架滑柱的举升高度，以手动方式分别设定四个滑柱高度，锁定数据。 5. 测试系统功能，车身前部上升到正常位置后，通过水平调节开关，增加车身高度，水平调节开关上的功能发光二极管（LED）亮起，车身高度上升，当再次操作水平调节开关时，功能发光二极管（LED）熄灭而车身降低到正常高度，重新调整液压油油量。 6. 进行多种路况下试车，悬架控制反应良好，车辆回厂后停置于水平地面，关闭发动机后车身水平高度在60 s内自动调节至正常高度，停放两小时后检查车身高度无沉降现象，停放一天后，车身高度与前一天所设置的相一致，故障排除	更多资料	

学习项目四　制动系统典型故障诊断

学习单元 1　汽车制动不灵故障诊断

<table>
<tr><td>工作任务</td><td>排除汽车制动不灵故障</td><td>教学模式</td><td>任务驱动</td></tr>
<tr><td>建议学时</td><td>6 学时</td><td>教学地点</td><td>一体化实训室</td></tr>
<tr><td>任务描述</td><td colspan="2">有一辆现代悦动轿车，汽车行驶过程中，踩下制动踏板各车轮的制动效果不明显，制动距离过长。作为维修技工，需要根据维修手册，使用诊断仪，参考相关资料排除故障，恢复制动系统正常工作状态，提出合理化使用建议，并最终检验合格后交付前台</td><td>故障现象</td></tr>
<tr><td>学习目标</td><td colspan="2">1. 能够按照正确的操作规程进行故障诊断排除，树立良好的安全文明操作意识。
2. 能够根据维修手册和其他资源分析制动系统的常见故障原因。
3. 能在规定时间内诊断制动不灵故障，排除并验证排除结果。
4. 能够主动获取信息，展示学习成果，对工作过程进行总结与反思，与他人进行有效沟通和团结协作。
5. 能够运用所学知识，为顾客使用制动系统提出合理化建议</td><td></td></tr>
<tr><td>设备器材</td><td colspan="3">现代悦动轿车 1 辆，工具车 1 台，ABS 系统故障诊断仪 1 台，万用表 1 只，量具、直尺、游标卡尺、磁力表座及百分表各 1 套，举升设备 1 套，维修手册，网络资源</td></tr>
</table>

故障诊断思路

汽车制动不灵故障

- 制动助力器真空软管接头松动或软管漏气
- 制动蹄片或衬块质量不良
- 制动蹄弯曲或破碎
- 制动钳在导销上卡住或扒动，后制动蹄在支撑底板上扒动
- 制动钳、制动分泵、制动总泵的活塞黏滞或卡住
- 真空助力器单向阀失灵
- 真空助力器内部卡住
- 制动总泵缸回油孔被污垢堵塞，制动液不能返回储液罐
- 制动管路堵塞或不畅
- 使用不合格的制动液，使橡胶零件膨胀，在缸孔中卡住

知识充电站

制动不灵故障原因

1. 制动助力器真空软管接头松动或软管漏气。
2. 制动蹄片或衬块质量不良。
3. 制动蹄弯曲或破碎。
4. 制动钳在导销上卡住或扒动，后制动蹄在支撑底板上扒动。
5. 制动钳、制动分泵、制动总泵的活塞黏滞或卡住。
6. 真空助力器单向阀失灵。
7. 真空助力器内部卡住。
8. 制动总泵缸回油孔被污垢堵塞，制动液不能返回储液罐。
9. 制动管路堵塞或不畅。
10. 使用不合格的制动液，使橡胶零件膨胀，在缸孔中卡住

制动盘厚度的检测方法

制动盘使用磨损会使其厚度减小，厚度过小会引起制动踏板振动、制动噪声及颤动。

检查制动盘厚度，超过极限尺寸时应予以更换。

提示：制动盘厚度的测量位置应在制动衬片与制动盘接触面的中心部位

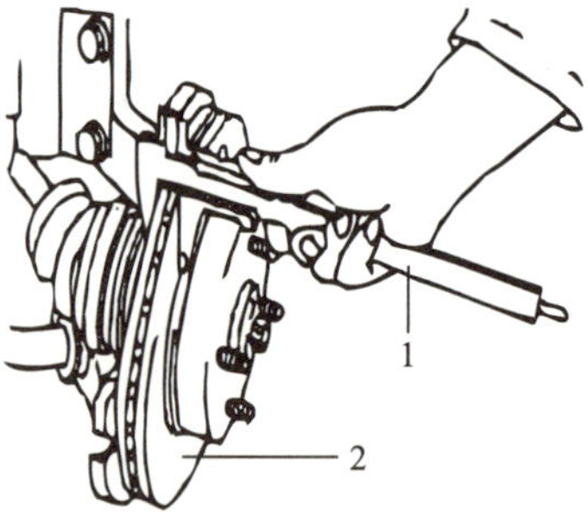

1—游标卡尺；2—制动盘

<table>
<tr>
<td>制动盘端面圆跳动的检测方法</td>
<td>制动盘端面圆跳动过大会使制动踏板抖动或使制动衬片磨损不均匀。
可用百分表检查制动盘端面圆跳动，轴向跳动量不符合要求可进行机加工修复或更换</td>
<td>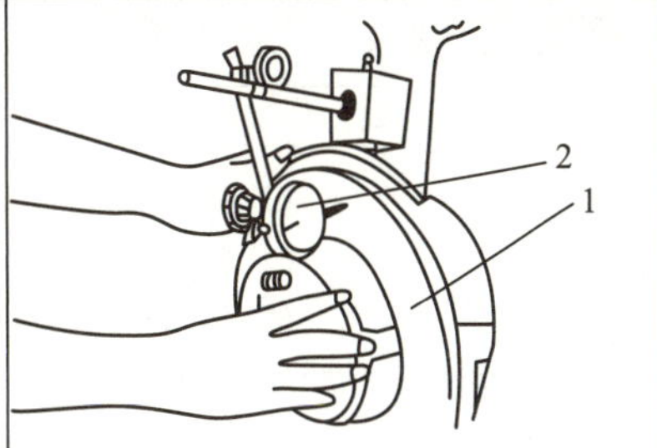

1—制动盘；2—百分表</td>
</tr>
<tr>
<td>制动块厚度的检测方法</td>
<td>制动块厚度的检查如图所示。若制动块已拆下，可直接用游标卡尺测量制动块摩擦片的厚度（不包括底板），若车轮未拆下，对外侧的摩擦片，可通过轮辐上的检视孔，用手电筒目测检查；内侧摩擦片可利用反光镜进行目测</td>
<td>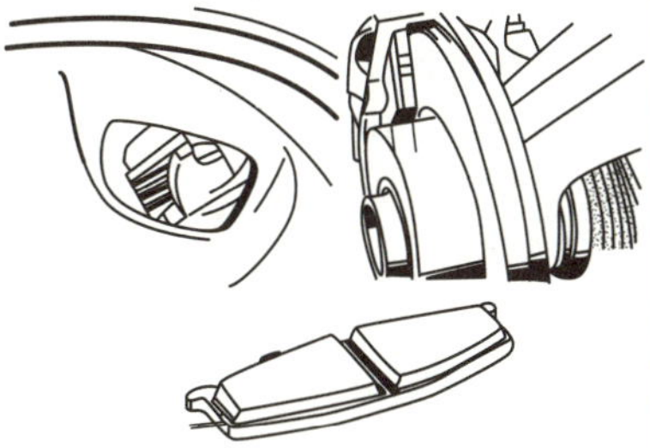</td>
</tr>
<tr>
<td>制动器间隙的调整方法</td>
<td>制动过程中，制动块与制动盘间存在着相对的运动，两者均有不同程度的磨损，制动盘、制动块磨损后，制动器的间隙会增大，制动时活塞的行程增加，制动器开始起作用的时间滞后，制动效果下降。因此，制动器的间隙应随时调整。
矩形密封圈 3 嵌在制动轮缸的矩形槽内，密封圈内圆与活塞外圆配合较紧，制动时活塞 1 被压向制动盘，密封圈发生了弹性变形；解除制动时，密封圈要恢复原状，于是将活塞拉回原位。当制动盘与制动块磨损后，制动器的制动间隙增大，若间隙大于活塞的设置行程 δ，活塞在制动液压力的作用下克服密封圈的摩擦阻力而继续前移，直到实现完全制动为止。解除制动时，由于密封圈弹性变形量的限制，密封圈将活塞拉回的距离小于活塞前移的距离，则活塞与密封圈之间这一不可恢复的相对位移便补偿了过量的间隙</td>
<td>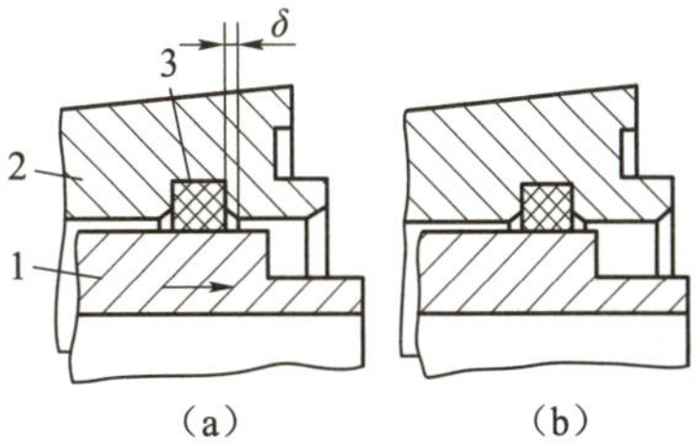

(a) 制动时；(b) 解除制动
1—活塞；2—制动钳；3—密封圈</td>
</tr>
<tr>
<td colspan="2">典型鼓式车轮制动器的检修的学习，请扫描二维码</td>
<td>更多资料</td>
</tr>
</table>

案例集锦			
故障现象：在制动压力（0.4～0.8MPa）正常、制动液油位距油杯顶盖（8 mm）正常的情况下，当驾驶员解除制动后，整机还存在制动力矩	故障可能原因： (1) 制动阀排气孔不通畅。 (2) 制动阀弹簧断裂。 (3) 加力泵通气孔被油污及灰尘堵塞，或加力泵弹簧折断。 (4) 制动液中混入空气，在整个制动过程中，空气的压缩与膨胀影响制动活塞的及时回位。 故障的诊断与排除： （1）清除污物，使排气通畅。 （2）更换弹簧。 （3）清除油污，更换弹簧。 （4）排除空气或更换油液。 用户在发现制动液缺失的情况下添加完制动液后没有及时排除空气，导致制动后还存在制动力矩	更多案例	

学习单元 2　汽车制动跑偏故障诊断

工作任务	排除汽车制动跑偏故障	教学模式	任务驱动
建议学时	6 学时	教学地点	一体化实训室
任务描述	有一辆现代悦动轿车，汽车行驶中制动时，前轮偏离转向盘指引方向或后轮相对原始的前进方向侧向滑动。作为维修技工，需要根据维修手册，使用诊断仪，参考相关资料排除故障，恢复制动系统正常工作状态，提出合理化使用建议，并最终检验合格后交付前台		故障现象
学习目标	1. 能够按照正确的操作规程进行故障诊断排除，树立良好的安全文明操作意识。 2. 能够根据维修手册和其他资源分析制动系统的常见故障原因。 3. 能在规定时间内诊断制动跑偏及侧滑故障，排除并验证排除结果。 4. 能够主动获取信息，展示学习成果，对工作过程进行总结与反思，与他人进行有效沟通和团结协作。 5. 能够运用所学知识，为顾客使用制动系统提出合理化建议		
设备器材	现代悦动轿车 1 辆，工具车 1 台，ABS 系统故障诊断仪 1 台，万用表 1 只，量具、直尺、游标卡尺、磁力表座及百分表各 1 套，举升设备 1 套，维修手册，网络资源		

故障诊断思路

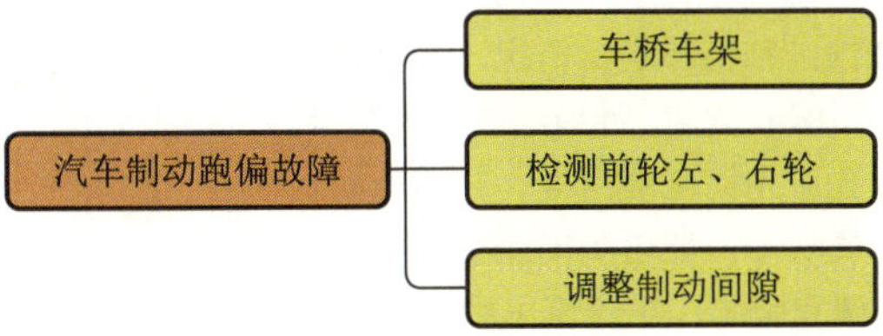

知识充电站

汽车转向沉重原因

1. 左、右车轮轮胎气压、花纹或磨损程度不一致；
2. 左、右车轮轮毂轴承松紧不一，个别轴承破损；
3. 左、右车轮的制动蹄摩擦衬片材料不一或新旧程度不一；
4. 左、右车轮制动蹄摩擦片与制动鼓的接触面积、位置不一样或制动间隙不等；
5. 左、右车轮轮缸的技术状况不一，造成起作用的时间或张力大小不相等；
6. 左、右车轮制动鼓的厚度、直径、工作中的变形程度和工作面的表面粗糙度不一；
7. 单边制动管路凹瘪、阻塞或漏油，单边制动管路或轮缸内有气阻；
8. 单边制动蹄与支承销配合过紧或锈蚀；
9. 一侧悬架弹簧折断或弹力过低；
10. 一侧减震器漏油或失效；
11. 前轮定位失准；
12. 转向传动机构松旷；
13. 车架、车桥在水平平面内弯曲，车架两边的轴距不等；
14. 感载比例阀故障

制动主缸的检测方法

1. 检查储液罐是否破损，若出现破损应更换。

2. 检查泵体 2 内孔和活塞 4 表面，其表面不得有划伤和腐蚀；用内径表 1 检查泵体内孔的直径 B，用千分尺 3 检查活塞的外径 C，并计算出内孔与活塞之间的间隙值，其标准值为 0 ～ 0.106 mm，使用极限为 0.15 mm，超过极限应更换。

3. 检查制动主缸皮碗、密封圈是否老化、损坏与磨损，否则应更换之

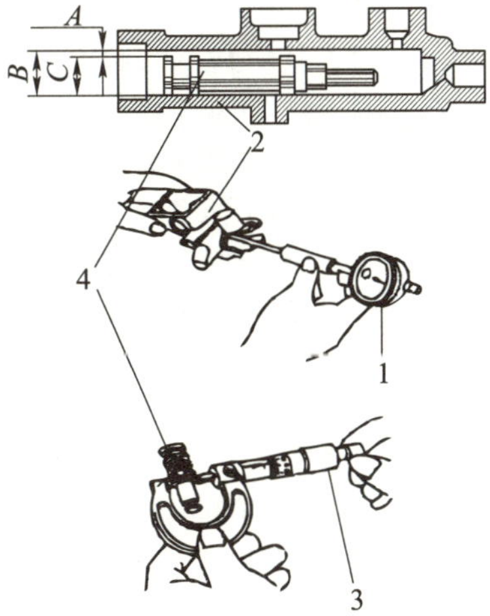

1—内径表；2—制动主缸泵体；3—千分尺；4—主缸活塞；A—内孔与活塞的间隙；B—泵体内孔的直径；C—活塞外圆直径

<table>
<tr>
<td>制动轮缸的检测方法</td>
<td>制动轮缸分解后，用清洗液清洗轮缸零件。清洗后，检查制动轮缸缸体 1 内孔与活塞 2 外圆表面的烧蚀、刮伤和磨损情况。如果轮缸内孔有轻微刮伤或腐蚀，可用细砂布磨光。磨光后的缸内孔应用清洗液清洗，并用无润滑油的压缩空气吹干。然后测出轮缸内孔孔径 B、活塞外圆直径 C，并计算出内孔与活塞的间隙值，标准值为 0.04 ～ 0.106 mm，使用极限为 0.15 mm</td>
<td>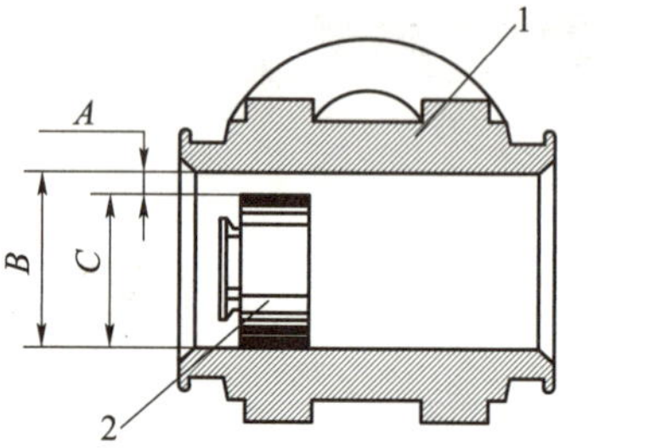

1—制动轮缸缸体；2—制动轮缸活塞；
A—内孔与活塞的间隙；B—缸体内孔的直径；
C—活塞外圆直径</td>
</tr>
<tr>
<td>液压传动装置的放气</td>
<td>液压制动系统中渗入空气，制动时系统中的空气被压缩，造成踏板行程增加、踏板发软，影响制动效果。在维修过程中，当由于拆检液压制动系统、接头松动或制动液不足等原因，造成空气进入管路时，应及时将系统中的空气排出。

排气的方法和步骤如下：
1. 接通 VW/238/1 型制动系统加油—放气装置。
2. 按规定顺序打开放气螺钉。
3. 排出制动钳和制动分泵中的气体。
4. 用专用排液瓶盛放排出的制动液。
若没有专用的加油—放气装置，可用以下通用方法进行排气：
1. 起动发动机，使其处于怠速运转状态。
2. 将软管一头接在放气螺塞上，另一头插在一个盛有部分制动液的容器中，如图所示。
3. 一人坐于驾驶室内，连续踩下制动踏板，直到踩不下去为止，并且保持不动。
4. 另一人将放气螺塞拧松一下，此时，制动液连同空气一起从胶管喷入瓶中，然后尽快将放气螺塞拧紧。
5. 在排出制动液的同时，踏板高度会逐渐降低，在未拧紧放气螺塞之前，切不可将踏板抬起，以免空气再次侵入。
6. 每个轮缸应反复放气几次，直至将空气完全放出（制动液中无气泡）为止，按照右后轮—左后轮—右前轮—左前轮的顺序逐个放气。
7. 在放气过程中，应及时向储液罐内添加制动液，保持液面的规定高度</td>
<td>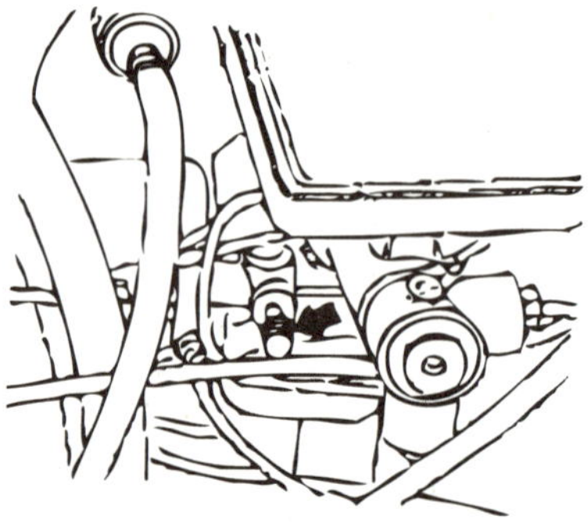
用专用设备对制动系统排气

注意：排气的顺序为右后轮、左后轮、右前轮、左前轮

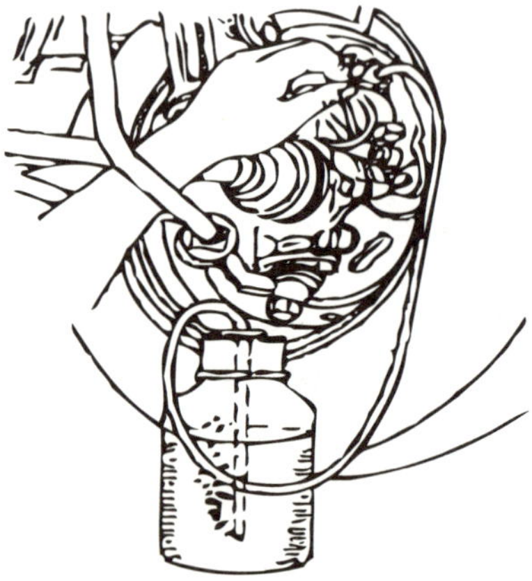
液压制动系统排气的通用方法

注意：装有制动压力调节器的汽车，在放气过程中，应不断地按动汽车后部，时刻观察制动液储液室内的制动液液面，随时添加制动液直至制动系统中的空气放净为止</td>
</tr>
</table>

液压式制动传动装置的基本组成及原理的学习，请扫描二维码	更多资料	

案例集锦

故障现象：一辆广州本田雅阁 2.0 L 轿车，该车行驶中刹车时出现向左跑偏	检查与排除：制动时发生车辆跑偏的原因可能有：左右轮胎气压不一致；制动钳发卡；刹车油管变形；车轮定位不正确；悬架部件松旷；车架变形。 对轮胎气压及车轮定位、刹车钳、刹车油管做出了检查，均正常。然后再检查车架，也无变形处。接着又检查悬架球头、胶套，无松旷处。在用手扳动轮胎时，发现较费力，怀疑是转向器发卡或横拉杆球头发卡。仔细检查，发现左横拉杆球头发卡，将球头拆下用手不能转动。将左横拉杆球头更换后，故障得以排除		
故障现象：本田雅阁 2.4 行驶里程 6 万 km。直线行驶时必须紧握转向盘，否则立刻向右跑偏	故障检查与排除：经过分析，我们认为前轮主销后倾角左、右差异太大是引起跑偏严重的主要因素。因此推断，对于此车主要是因为右前轮主销后倾角过小引起直行时偏右严重。 故障检查： 检查转向系统、制动系统及行驶系均无明显异常。该车采用发动机前置后轮驱动形式，不等长双横臂前独立悬挂，下控制臂是非“I”字型 A 架结构，在上控制臂可用调整垫片的方式来调整前轮外倾角和主销后倾角；后悬挂采用非独立悬挂，定位参数不可调。 故障排除： 在右上摆臂后端加 8 mm 的垫片，而前端的垫片厚度不变，再用元征四轮定位仪检测，则数据显示两边的主销后倾角值已基本接近了。重新调整前束角后试车，故障彻底排除	更多案例	

学习单元 3 汽车 ESP 系统故障诊断

工作任务	排除汽车 ESP 系统故障	教学模式	任务驱动
建议学时	6 学时	教学地点	一体化实训室

任务描述	有一辆现代索纳塔轿车在正常驾驶时 ESP 故障指示灯闪烁，系统异常起动。作为维修技工，应当根据维修手册，正确使用故障诊断仪，参考相关资料排除故障，以恢复发动机正常工作状态，最终提出合理化使用建议，经检验合格后交付前台	故障现象
学习目标	1．能够按照正确的操作规程进行故障诊断排除，树立良好的安全文明操作意识。 2．能够根据维修手册和其他资源分析 ESP 系统异常起动的原因。 3．能在规定时间内诊断 ESP 系统异常起动故障，排除并验证排除结果。 4．能够主动获取信息，展示学习成果，对工作过程进行总结与反思，培养与他人进行有效沟通和团结协作的能力。 5．能够为顾客正确使用车辆提出合理化建议	
设备器材	现代悦动轿车 1 辆，工具车 1 台，带示波器功能的诊断仪、探针、万用表，悦动轿车维修手册 1 份，网络资源	

故障诊断思路

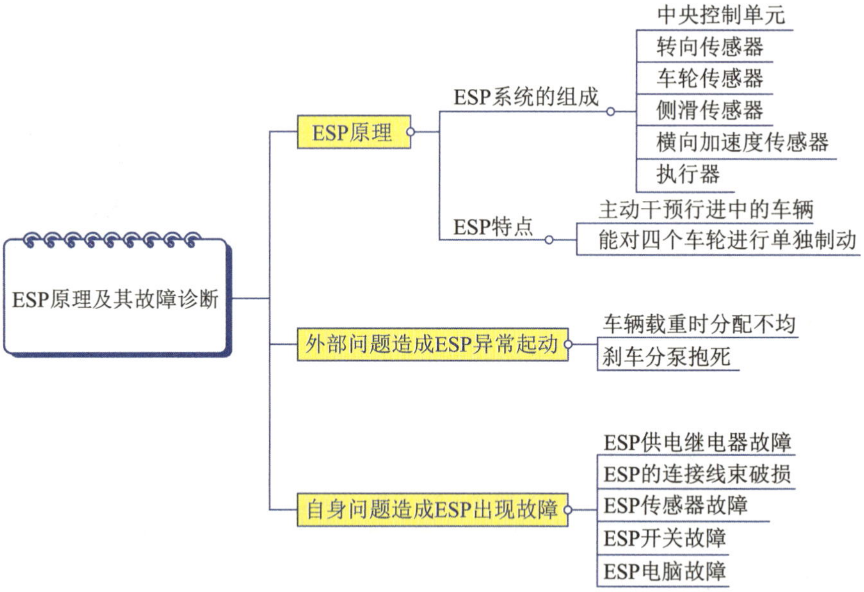

知识充电站

ESP 异常起动可能原因	1. 车辆制动系统机械故障或车辆载重分布不均。 2. 各种传感器损坏。 3. 继电器、线束故障。 4. 控制单元自身故障等

<table>
<tr>
<td>诊断维修条件</td>
<td colspan="3">1. 所有轮胎尺寸符合要求，轮胎气压正常。
2. 制动系统机械 / 液压部件及制动灯开关和制动灯正常。
3. 控制单元与液压单元正常连接。
4.ESP 部件插头正常连接，且插头、触点无损坏。
5. 供电电压正常，所有保险丝正常。
注意：检查 ESP 的过程中，车上的电子部件不可置于电磁干扰的环境中，车辆应远离电流消耗较大的设备（如焊接设备）</td>
</tr>
<tr>
<td rowspan="2">EPS 系统相关元件检测方法</td>
<td colspan="3">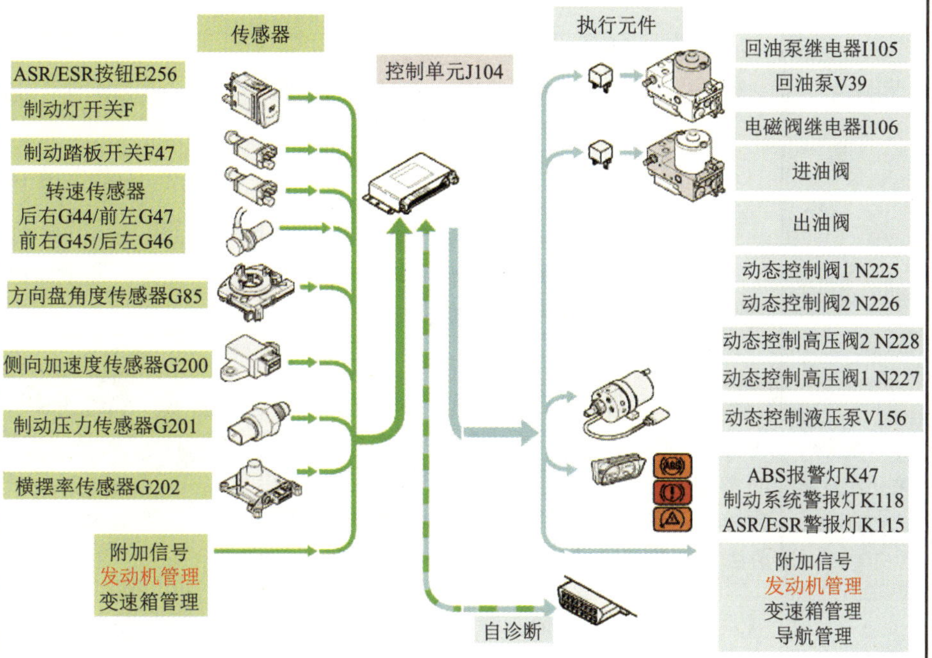
</td>
</tr>
<tr>
<td>检测保险丝、继电器</td>
<td>1. 保险丝测量
用万用表欧姆挡测量保险丝阻值，不应高于 1 Ω；或用蜂鸣挡检测保险丝是否导通。
2. 继电器测量
用万用表欧姆挡测量继电器线圈（85-86 端子）阻值，应为 60 ～ 120 Ω；给线圈两端加 12 V 电压，用电阻挡测量开关（30-87 端子）两端阻值变化情况，应从无穷大变为接近 0 V</td>
<td></td>
</tr>
</table>

EPS 系统相关元件检测方法	轮速传感器的类型和检查方法	1. 磁感应式轮速传感器 检测传感器电阻，阻值一般为 600 ~ 2 300 Ω；用万用表交流电压挡测量车轮转动时传感器的输出电压，以每秒转一圈的速度转动车轮，检查输出信号电压，最低 0.1 V，最高可达到 9 V（AC）；用示波器检测波形信号，信号的频率与车轮速度成正比，交流信号的振幅随轮速的变化而变化	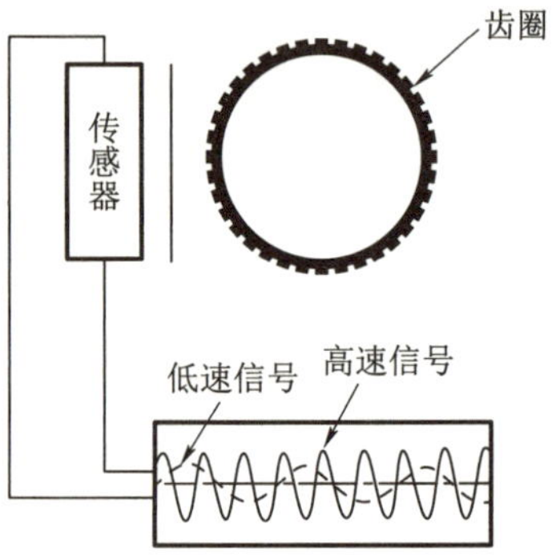
		2. 霍尔半导体式轮速传感器 霍尔半导体式轮速传感器包括传感器和磁性转子两部分。永磁体的磁力线穿过霍尔元件通向齿圈，在此齿圈相当于一个集磁器。齿圈转动时，使得穿过霍尔元件的磁力线密度发生变化，因而引起霍尔电压的变化，霍尔元件将输出一个 mV 级的准正弦波电压	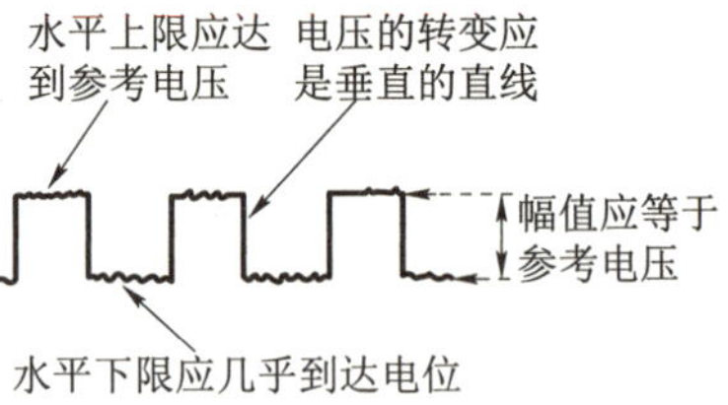
		3. 方向盘转角传感器 该传感器在转向柱锁开关和方向盘之间的转向柱上。安全气囊上带滑环的回位环集成在该传感器内且位于该传感器下部。该传感器的作用是将方向盘的转角信息传递给带 ESP 的控制单元。角度的变化范围为 ±720°，也就是说方向盘转四圈。 角度的测量是通过光栅原理来实现的。编码盘由两个环构成，一个是绝对环，一个是增量环。每个环由两个传感器进行扫描	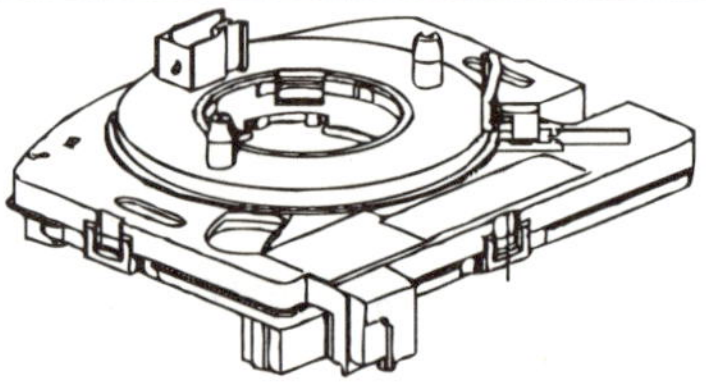 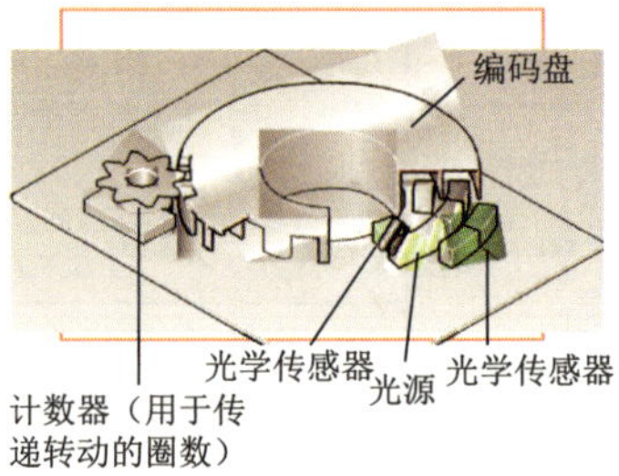
		4. 偏摆率传感器 由于须安装在重心附近，因此该传感器与横向加速度传感器安装在同一个支架上，用于确定车身上是否作用有转矩。根据传感器的安装位置可确定是绕空间的哪个轴转动。在 ESP 系统中，该传感器用于确定车辆是否绕垂直轴转动，即偏转率或转动率。如果没有偏转率传感器信号，控制单元就无法识别出车辆是否有离心趋势，ESP 功能也就失效了。 在诊断中可确定是否有导线断路及对地 / 正极短路，系统还可进一步确定传感器信号是否可靠	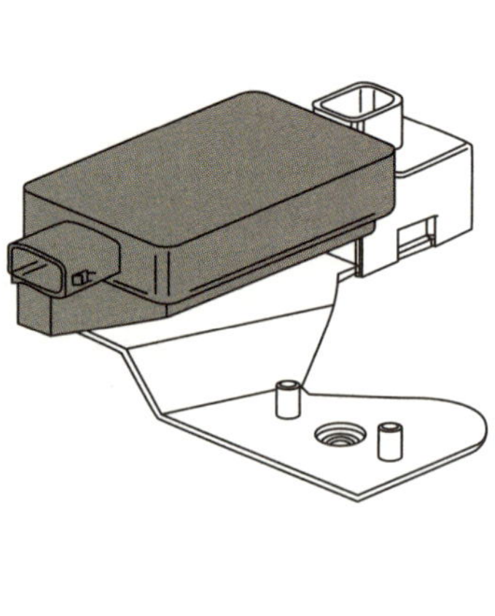

<table>
<tr>
<td rowspan="2">EPS 系统相关元件检测方法</td>
<td rowspan="2">轮速传感器的类型和检查方法</td>
<td>5. 横向加速度传感器
由于物理方面的原因，该传感器应尽量与汽车重心离得近一些。传感器的安装位置及调整不可以改变，它位于转向柱右侧，与偏转率传感器固定在同一支架上，横向加速度传感器用于判断有哪个方向的侧向力，它提供了一个重要的基础信息，该信息用于评估在当前道路上行驶时应保证哪些车辆运动处于稳定状态。
如果缺少横向加速度信息，控制单元就无法计算出车辆的实际状态，ESP 也就失效了。
在诊断过程中可确定导线是否断路及是否对正极 / 地短路，系统还可进一步确定传感器信号是否可靠</td>
<td>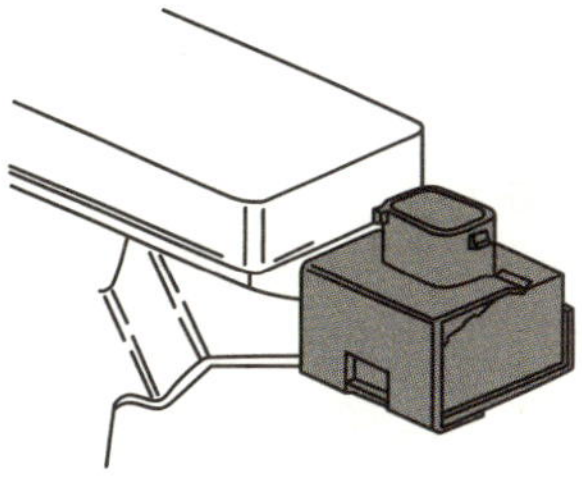</td>
</tr>
<tr>
<td>6. 制动压力传感器
传感器都拧在串联总泵上。该传感器是双重布置的，以便尽可能保证安全性。这可看成一种超稳定结构。
该传感器向发动机控制单元提供制动管路内的实际压力信号，发动机控制单元根据这个压力信号计算出车轮制动力及作用在车上的纵向力。如果需要 ESP 工作，控制单元会将此值用于计算侧导向力。
两个传感器同时出现故障是不可能的。如果控制单元没有接收到其中任一传感器的信号，那么 ESP 就会停止工作。
在诊断过程中将确定导线是否断路及对正极 / 地短路，系统还可检查这两个传感器信号是否可靠</td>
<td>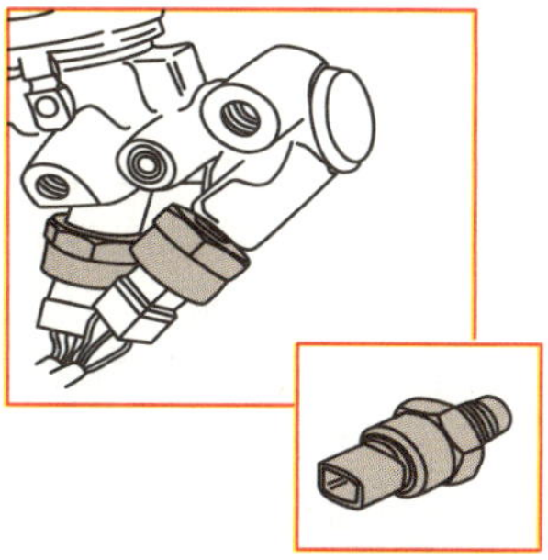
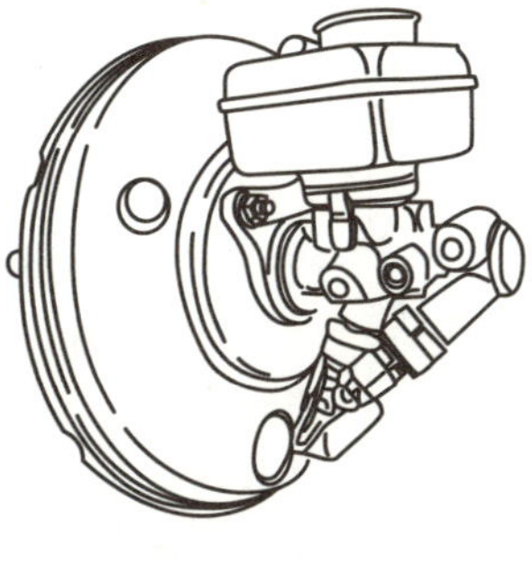</td>
</tr>
<tr>
<td>EPS 系统的诊断方法</td>
<td colspan="2">诊断 ESP 故障时，按照设定的程序和方法可读取故障码。维修人员可根据故障码的含义确定故障的范围，节省维修时间，提高维修效率。常用的诊断方法有下列几种：</td>
<td></td>
</tr>
</table>

EPS 系统的诊断方法	1.ESP 自诊断 ESP 自诊断是依靠其电子控制单元（ECU）对系统外部电路进行自检，若发现异常，电脑则将其故障信息储存，并点亮 ESP 警告灯。ESP 的自检又包括静态（点火开关接通，汽车不行驶）和动态（汽车行驶）两种情况。 2. 人工诊断 ESP 系统的人工诊断包含人工获取故障信息（人工调码）和使用常用设备（如万用表）进行故障点的查找两方面的内容。 3. 仪器诊断 故障码扫描仪可以从 ESP 系统的电子控制单元 (ECU) 存储器中读取故障码，同时还具有故障码翻译、检测步骤指导及提供基本判断参数等功能	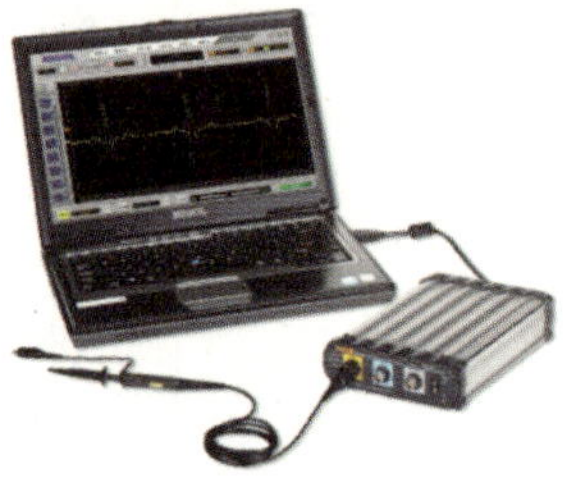 
ESP 系统检修注意事项	1. 电控单元对过电压、静电非常敏感，如有不慎就会损坏电控单元中的芯片，造成整个电控单元“瘫痪”。因此，点火开关接通时不要插或拔电控单元上的连接器；给蓄电池进行专门充电时，要将电池从车上拆卸下来或摘下蓄电池电缆后再进行充电。 2. 维修车轮速度传感器时一定要十分小心。拆卸时注意不要碰伤传感器头，不要撬传感器齿圈，以免对其造成损坏。安装时应先涂覆防锈油，安装过程中不可敲击或用力过大。一般情况下，传感器气隙是可调的（也有不可调的），调整时应使用非磁性塞卡，如塑料或铜塞卡，当然也可使用纸片。 3. 维修液压控制装置时，切记要首先进行泄压，然后再按规定进行修理。例如制动主缸和液压调节器设计在一起的整体 ABS，其蓄压器存储了高达 18 000 kPa 的压力，修理前要彻底泄去，以免高压油喷出伤人。 4. 制动液至少每隔两年换一次，最好是每年更换一次。这是因为 DOT4 乙二醇型制动液的吸湿性很强，含水分的制动液不仅会使制动系统内部产生腐蚀，而且会使制动效果明显下降，影响制动系统的正常工作	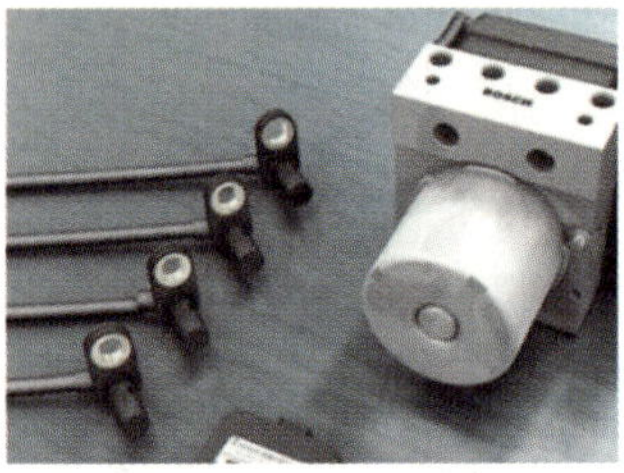 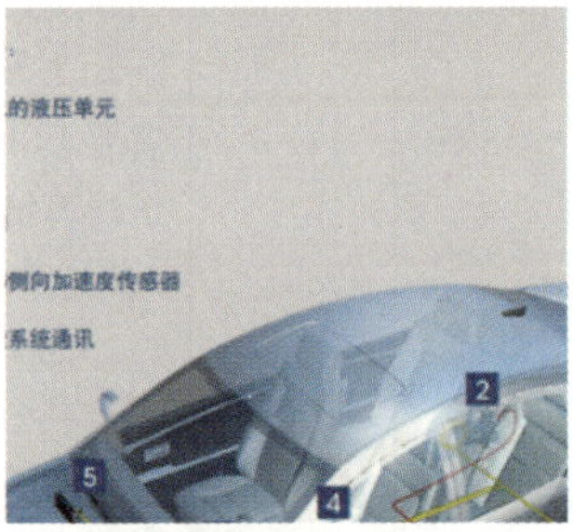  更多资料

案例集锦

故障现象：帕萨特ABS、ESP故障警告灯常亮故障	故障检查与排除： 一辆上海帕萨特 B5 2.8 轿车，用户反映该车仪表板上的 ABS、ESP 故障警告灯常亮，并称一星期前就因仪表板上的 ABS、ESP 故障警告灯常亮而更换过制动灯开关。 连接故障诊断仪 V.A.G1552 对车辆的制动系统进行检测，发现了“00526027——制动灯开关不可靠信号”的故障码。利用故障诊断仪进入数据流 (08) 中的 005 组观察数据的变化，当用脚轻轻踩动制动踏板使得制动灯刚刚点亮时，设备显示制动压力为 1.4 MPa，这个数据已经远远超出了维修手册要求的技术参数 (0.2 MPa 以下)。 根据这个诊断结果，重新拆下了制动灯开关，并按照安装规范重新进行了安装。再次观察数据流中 08-005 组第 3 区的数据，已经符合维修手册的技术要求。清除故障码后再次起动发动机，仪表板上的 ABS、ESP 故障警告灯不再常亮		
故障现象：上海别克BUICK轿车仪表板上的ABS故障指示灯点亮，ABS系统不起作用，制动抱死	故障检查与排除： 由于行驶中仪表板上的 ABS 故障指示灯点亮，说明 ABS 电脑记录有故障代码。 根据别克维修手册中提供的故障代码读取方法人工调取故障代码 41。查故障代码表得知，故障代码 41 表示右前电磁阀线路开路。 为确认是否为电磁阀线路的故障，用万用表测量 ABS 总泵的电磁阀线路，测量时发现有 1 根线与其他任何线都不相通，而正常情况下电磁阀引脚线之间是相通的。由此可以判断这根线便是故障代码 41 所指的开路线。为查出具体开路部位，采取以下方法：拆下 ABS 总泵，位于发动机室左侧前端，分解 ABS 总泵，从其底部拆开便会看到四个电磁阀，分解时要特别注意不要损伤密封圈。打开 ABS 总泵后，便看到有一根线端已明显断开，此即故障所在。用 1 根比较小的电线把电线的开路端焊接起来，然后再用万用表的欧姆挡测量原来开路的线与其他各线是否相通，结果相通，然后将 ABS 总泵重新安装好，根据手册给定方法清除故障代码，添加制动液，按照规定顺序对 ABS 系统进行空气排除。注意，一定要按规定放气顺序对各轮进行放气，否则空气无法排除干净，会影响 ABS 系统的工作效果。试车，ABS 系统功能恢复正常，故障排除	更多案例	

学习项目五　电气系统典型故障诊断

学习单元 1　汽车蓄电池亏电故障诊断

<table>
<tr><td>工作任务</td><td>排除汽车蓄电池亏电故障</td><td>教学模式</td><td>任务驱动</td></tr>
<tr><td>建议学时</td><td>6 学时</td><td>教学地点</td><td>一体化实训室</td></tr>
<tr><td>任务描述</td><td colspan="2">有一辆现代悦动轿车蓄电池经常亏电，导致车辆经常无法起动。作为维修技工，应当根据维修手册，正确使用万用表、故障诊断仪，参考相关资料排除故障，以恢复蓄电池正常工作状态，最终提出合理化使用建议，经检验合格后交付前台</td><td>故障现象</td></tr>
<tr><td>学习目标</td><td colspan="2">1．能够按照正确的操作规程进行故障诊断排除，树立良好的安全文明操作意识。
2．能够根据维修手册、电路图和其他资源分析蓄电池充电电路，并列举出可能导致蓄电池充电不足的故障原因。
3．能在规定时间内查找故障，排除并验证排除结果。
4．能够主动获取信息，展示学习成果，对工作过程进行总结与反思，培养与他人进行有效沟通和团结协作的能力。
5．能够为顾客正确使用蓄电池提出合理化建议</td><td></td></tr>
<tr><td>设备器材</td><td colspan="3">现代悦动轿车 1 辆，工具车 1 台，诊断仪、探针、万用表，悦动轿车维修手册、悦动轿车电路图各 1 份，网络资源</td></tr>
</table>

故障诊断思路

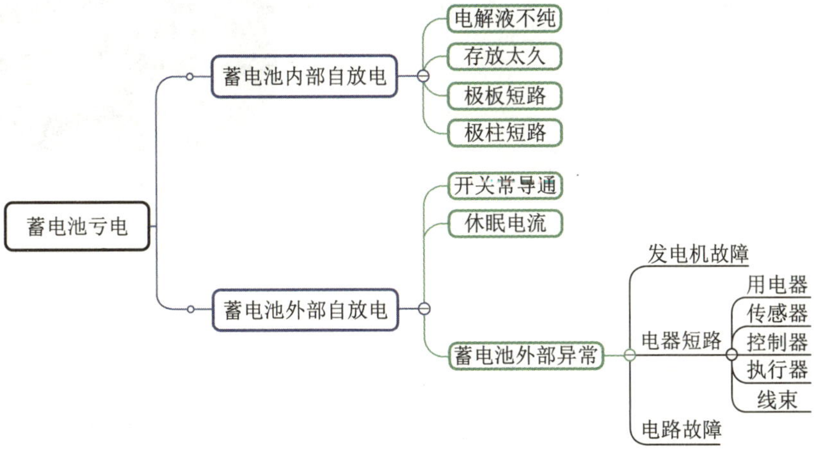

知识充电站

<table>
<tr><td>汽车蓄电池
亏电可能原因</td><td colspan="2">1. 发电机故障。
2. 蓄电池本身故障。
3. 用电设备存在漏电故障。
4. 车主使用不当</td></tr>
<tr><td>诊断维
修条件</td><td colspan="2">1. 维修过程中保证电瓶电量充足。
2. 检测工具、资料、设备准备齐全</td></tr>
<tr><td rowspan="3">蓄电池亏电原因及故障检测方法</td><td colspan="2">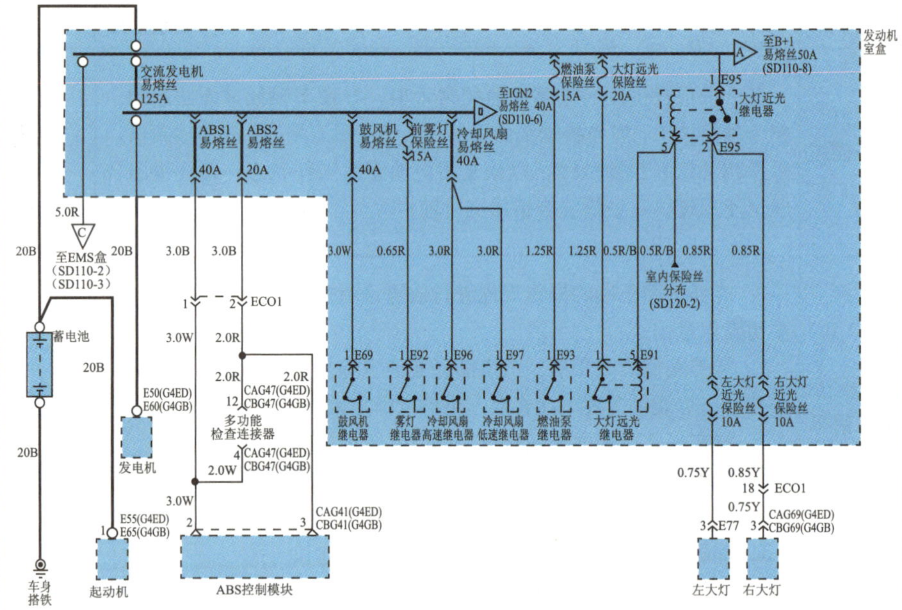
</td></tr>
<tr><td>人为原因自放电：
1. 蓄电池外部有搭铁或短路。若蓄电池引出导线与机体搭铁，或蓄电池壳体上有扳手、铁丝等导体将正负极连通，将会产生剧烈自行放电。
2. 开关常接通。停车后点火开关损坏自行接通（如 ACC 挡），或车内不经过点火开关的用电器开关常接通，车门和后备舱未关好，都有可能引起蓄电池外部放电</td><td>
雾灯常开</td></tr>
<tr><td>蓄电池内部自放电：
1. 极柱短路。当蓄电池外壳、顶盖上有溅漏的电解液时，可将正负极接线柱连通而放电。
2. 极板短路。蓄电池电极隔板腐蚀穿孔、损坏，或正、负极板下的沉积物过多，正、负极板便直接连通而短路，引起蓄电池内部自行放电。</td><td>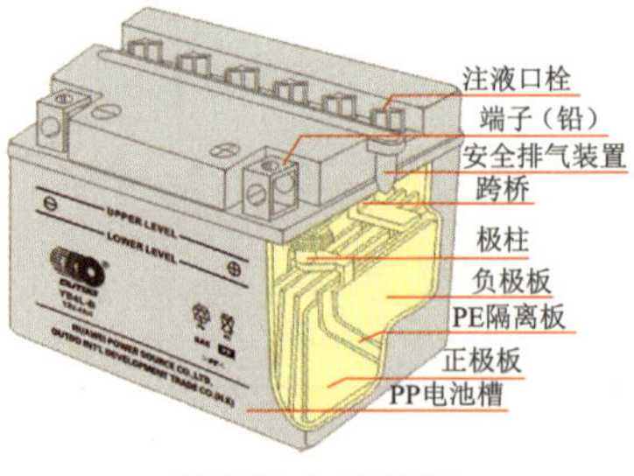

蓄电池内部结构</td></tr>
</table>

<table>
<tr>
<td rowspan="3">蓄电池亏电原因及故障检测方法</td>
<td>3. 电解液不纯。电解液含有杂质，或添加的不是纯净水，这时电解液中的杂质随电解液的流动附着于极板上，各杂质之间形成一定的电位差，便会在蓄电池内部形成许多自成通路的微小蓄电池，使蓄电池常处于短路状态，蓄电池内部电能逐渐耗尽。
4. 蓄电池存放过久，电解液中的水与硫酸因密度不同而分层，使电解液密度上小下大，形成电位差而自行放电</td>
<td>
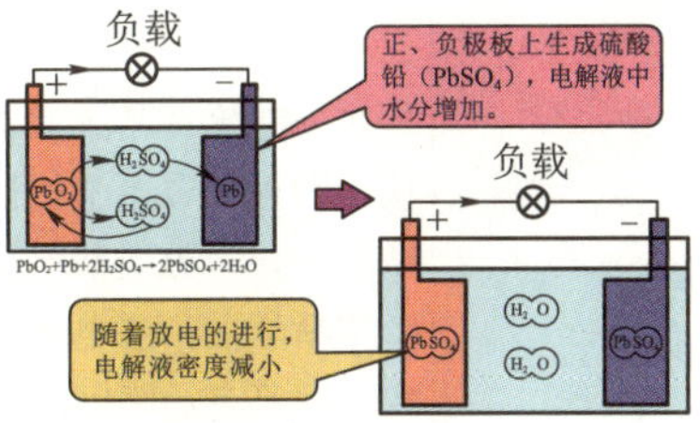

蓄电池放电过程
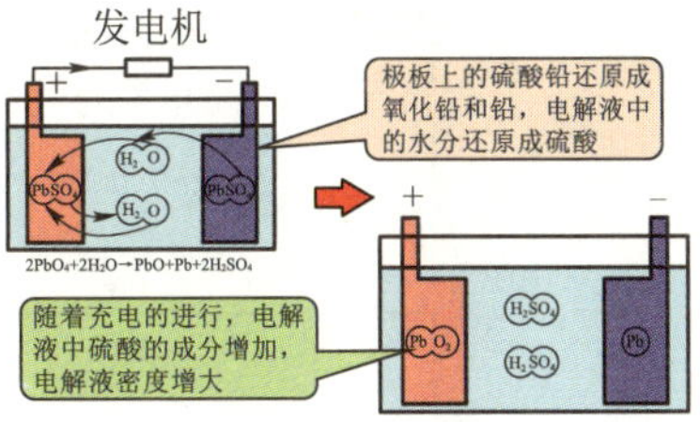

蓄电池充电过程
</td>
</tr>
<tr>
<td>蓄电池外部自放电：
1. 由于汽车电器、线束、传感器、控制器、执行器等电子元器件和电路搭铁，造成漏电，使蓄电池亏电。
2. 当车辆在工作状态时，发电机不发电，导致蓄电池长时间给全车电器供电而慢慢消耗完电量。
3. 当车辆在无工作状态下（即拔下钥匙并锁车后），蓄电池必须保持微量的外部放电电流，以保证防盗系统正常的警戒电流，称为休眠电流。这部分休眠电流的放电是属于正常范畴的外部放电</td>
<td>
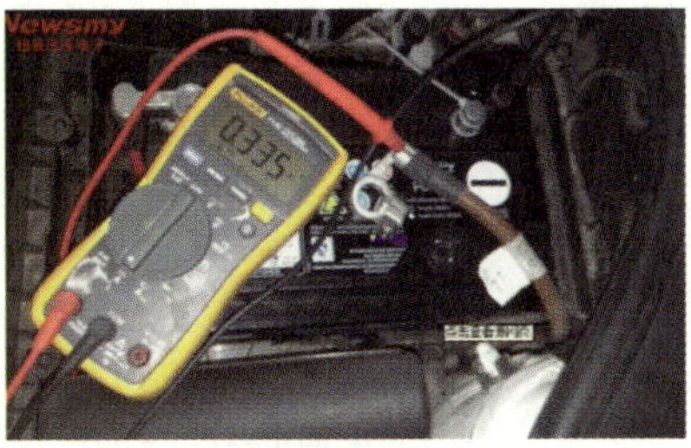

休眠电流检测
</td>
</tr>
<tr>
<td>检查蓄电池外部漏电：
断开点火开关，关闭所有用电器、车门和后备舱，取出点火钥匙，断开蓄电池搭铁负极线，并在搭铁负极和蓄电池负极桩头之间连接直流电流表（最大量程 2 A 以上）。若电流表电流在 30 ~ 50 mA 以下，则是由车主使用不慎造成漏电。</td>
<td>

</td>
</tr>
</table>

<table>
<tr>
<td rowspan="2">蓄电池亏电原因及故障检测方法</td>
<td>如果电流表电流大于 50 mA，保持电流表连接，则可一边逐个拔掉熔断丝（尤其是常电熔断丝），一边观察电流表的变化。如果去掉某个熔断丝后，漏电现象消失，即表明此熔断丝控制回路有短路问题存在，再仔细对照电路图分段检测，找出故障点。还有一种极特殊的情况：在单个拔掉所有熔断丝的情况下，依然有漏电情况存在，这时应该想到蓄电池正极到熔断丝或点火开关的电路漏电</td>
<td>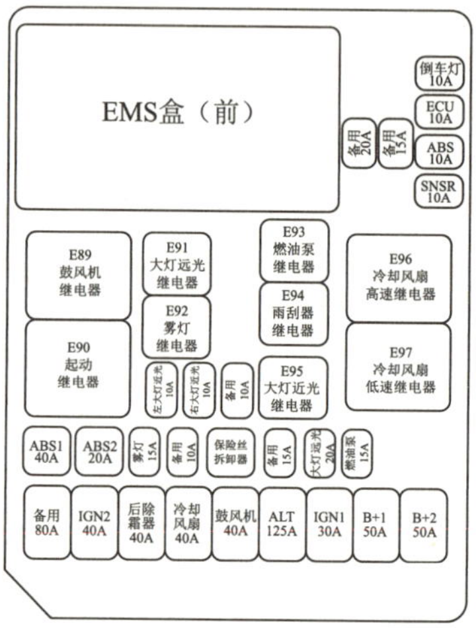
</td>
</tr>
<tr>
<td><u>检测蓄电池内部故障：</u>
首先检测蓄电池内部是否亏电。正常蓄电池充足电电压应在 12 V 以上，电解液密度为 1.26 ~ 1.28 g/cm，且液面高度应在标准范围。采用蓄电池放电测试仪，把测试仪正、负钳分别夹持在蓄电池正、负电极，按下测试按钮，12V 电压持续放电 3~5 s 后，观察测试仪表电压指示情况。如果仪表指示电压在 9.6V 以上，说明蓄电池状态良好，但电量不足；若稳定在 10.6 ~ 11.6 V，说明蓄电池电量充足；如果低于 9.6 V，但是电压处于某个数值不动，说明蓄电池处于严重亏电状态，需要补充充电。如果电压慢慢下降，说明蓄电池内部有短路现象；如果电压快速下降为 0 V，说明蓄电池内部有断路。
然后，观察蓄电池电解液是否浑浊，浑浊说明蓄电池正极板软化。观察蓄电池底部是否有沉淀物，如有说明极板活性物质脱落，蓄电池容量已不足。用手敲击蓄电池 2 个电极桩，如果听到有空洞的声音，说明极桩与极板发生断裂。用一根粗导线短路正、负极桩，观察蓄电池各个加液孔，如发现某格出现气泡，说明该格已损坏</td>
<td>

蓄电池检测仪
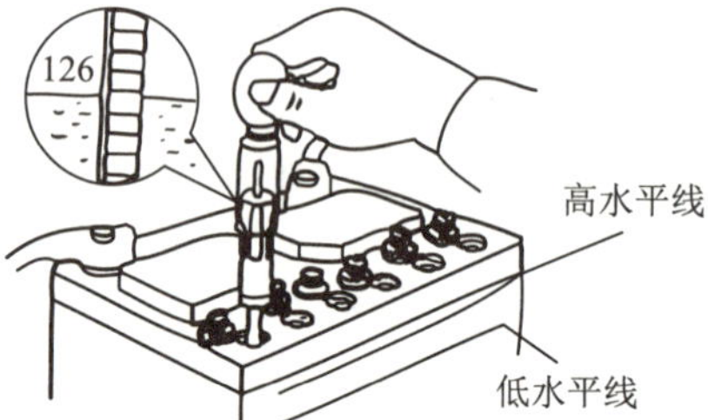

电解液液面高度检验
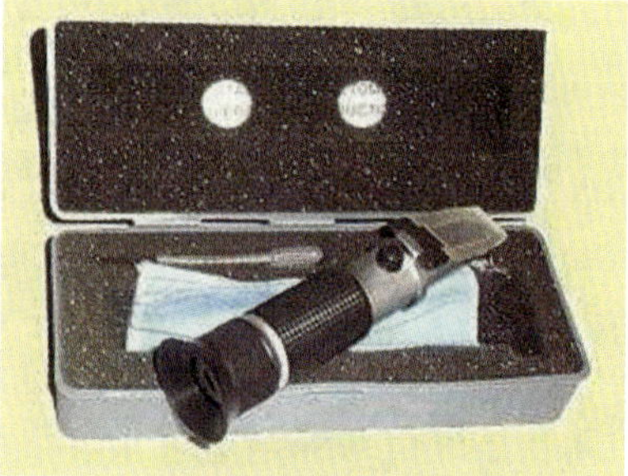
冰点仪</td>
</tr>
</table>

蓄电池电路检测注意事项	1. 遵循的原则：由易到难，由外到内逐点排除。 2. 检测点位置的确定，应具体到元器件针脚号和导线颜色。 3. 要考虑检测手段和方法的运用。 4. 正确规范使用万用表。 5. 排除故障过程中不得破坏线路、不得自制故障。 6. 禁止在通电的情况下进行电路的修复	
		更多资料

案例集锦

故障现象：一辆捷达轿车，蓄电池刚充足电，放置1天后，出现起动机运转无力、喇叭声音弱、前照灯灯光很暗的现象	故障检查与排除： 检查蓄电池电解液液面高度基本正常。起动发动机，测量发电机输出电压为13.8 V，基本正常。由此怀疑蓄电池有自放电现象，且较严重，故决定更换蓄电池。 在拆装蓄电池时，发现接线柱有强烈的电火花，而此时点火开关处于断开状态。由此说明，电路中有用电器漏电或短路之处。 用电流钳夹在蓄电池负极，测试暗电流，电流为800 mA，说明有漏电现象。逐一拔掉不经过点火开关的用电器（散热器风扇、点烟器、收音机、制动灯、门灯、小灯等）的熔断丝，观察漏电电流并不减少；拔下所有熔断丝，漏电电流还是不减少。逐一拔掉所有继电器，当拔掉12号位置进气歧管预热继电器后，漏电电流消失，手摸该继电器表面发热严重。 拆开发热的继电器，发现其内部烧蚀黏结。更换新的继电器J81，漏电消失，蓄电池不再亏电，故障排除
故障现象：一辆丰田老款花冠轿车放置三四天后，出现蓄电池亏电的现象，无法起动	故障检查与排除： 观察蓄电池相对密度计观察孔，呈黑色，初步诊断为蓄电池失效。换新蓄电池后能正常起动，但放置三四天故障依旧。断开蓄电池搭铁线，并在搭铁线和蓄电池负极桩头之间连接5 W的试灯，试灯亮。逐一拔掉各个熔断丝，当将第4个熔断丝拔出时，试灯熄灭，蓄电池停止亏电。第4个熔断丝所涉及的用电器有室内灯、阅读灯、点烟器、钟表、收音机和行李舱灯。关闭所有车门、车内外灯、点烟器、钟表、收音机，并断开点火开关，用数字万用表测量第4个熔断丝所消耗的电流为0.42 A。根据$P=UI$公式，计算其功率$P=12\ \mathrm{V}\times 0.42\ \mathrm{A}=5.04\ \mathrm{W}$。通过资料查阅全车灯泡功率，其功率与行李舱照明灯接近。检查行李舱灯，发现行李舱灯烧坏，灯开关座下陷，即使关掉行李舱盖，灯泡仍会接通，灯泡已烧坏发白，但灯丝未断。更换新灯泡并修复开关座，故障排除

故障现象：一辆丰田老款花冠轿车放置三四天后，出现蓄电池亏电的现象，无法起动	故障原因分析： 车主介绍，行李舱灯开关原装的损坏了，后来重新改装。改装电路如下图所示。行李舱灯泡功率刚好是 5 W。由于行李舱照明灯与室内灯、阅读灯、点烟器的电路一样，线路由第 4 个熔断丝控制，是不经过点火开关的，行李舱触点灯开关座下陷，形成闭合回路，使得行李舱灯一直处于工作状态。容量为 45 A · h 的蓄电池，放置 3 天，则蓄电池容量消耗 0.3 A × 72 h=21.6 A · h，消耗蓄电池容量接近额定容量的 50%，故无法起动 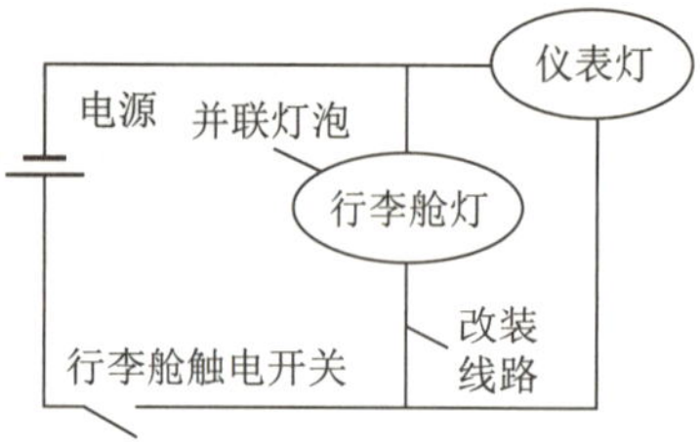	更多案例	

学习单元 2　汽车前大灯不亮故障诊断

工作任务	排除汽车左前远光灯不亮故障	**教学模式**	任务驱动
建议学时	6 学时	**教学地点**	一体化实训室
任务描述	有 1 辆现代悦动轿车打开近光灯时灯光正常，切换到远光灯时，左前远光灯不亮。作为维修技工，应当根据维修手册，正确使用万用表、故障诊断仪，参考相关资料排除故障，以恢复发动机正常工作状态，最终提出合理化使用建议，经检验合格后交付前台		故障现象
学习目标	1．能够按照正确的操作规程进行故障诊断排除，树立良好的安全文明操作意识。 2．能够根据维修手册、电路图和其他资源分析前大灯电路，并列举出可能导致左前大灯不亮的故障原因。 3．能在规定时间内查找故障，排除并验证排除结果。 4．能够主动获取信息，展示学习成果，对工作过程进行总结与反思，培养与他人进行有效沟通和团结协作的能力。 5．能够为顾客正确使用汽车灯光提出合理化建议		
设备器材	现代悦动轿车 1 辆，工具车 1 台，诊断仪、探针、万用表，悦动轿车维修手册、灯光系统电路图各 1 份，网络资源		

故障诊断思路

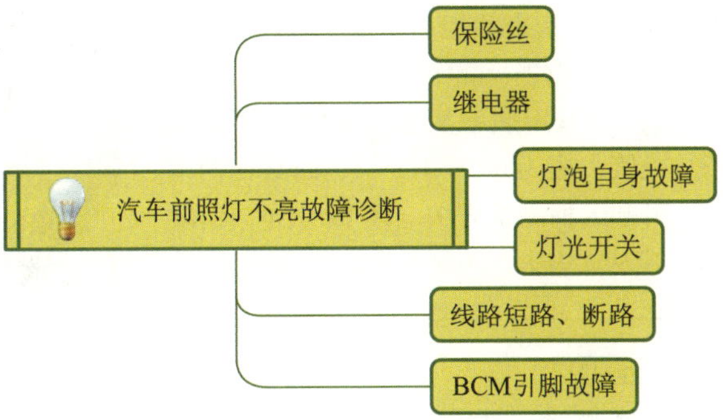

知识充电站

汽车前大灯不亮可能原因	1. 供电线路保险丝、继电器故障。 2. 灯光控制开关或大灯本身故障。 3. 线路故障。 4. 控制单元自身故障等
诊断维修条件	1. 维修过程保证电瓶电量充足。 2. 检测工具、资料、设备准备齐全
灯光系统电路及相关元件检测方法	见下图

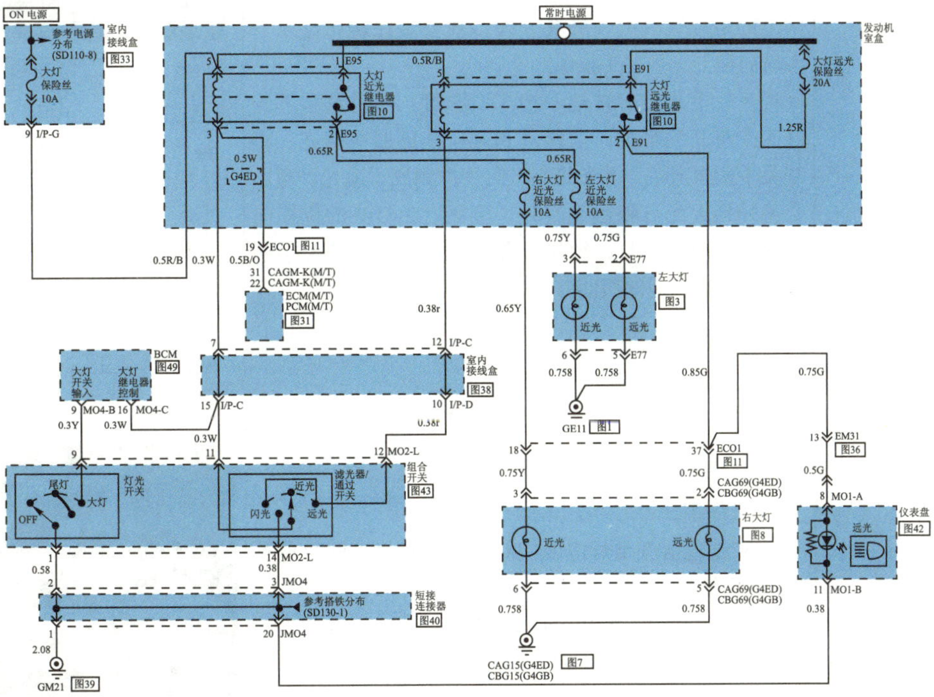

<table>
<tr>
<td rowspan="4">灯光系统电路及相关元件检测方法</td>
<td>

检测保险丝、继电器：

1. 保险丝测量：用万用表欧姆挡测量保险丝阻值，不应高于 1 Ω；或用蜂鸣挡检测保险丝是否导通。

2. 继电器测量：用万用表欧姆挡测量继电器线圈（85-86 端子）阻值，应为 60 ~ 120 Ω；给线圈两端加 12 V 电压，用电阻挡测量开关（30-87 端子）两端阻值变化情况，应从无穷大变为接近 0 Ω

</td>
<td>

</td>
</tr>
<tr>
<td>

电路常见故障检测方法：

电路常见故障是断路、短路与搭铁。通常采用试灯法，将试灯的一端接在被测端的电源点，另一端搭铁，电路正常时试灯应亮，否则断路出现在试灯亮与不亮之间；或用“R×1 Ω”电阻挡测量被测电路的导通电阻(不带电测试)，若读数偏小，则表示该电路有短路或搭铁，采用逐段断开及逐段测试，即可找出短路故障处，通常断路故障出现在试灯亮与不亮之间

</td>
<td>

</td>
</tr>
<tr>
<td>

灯光开关：

灯光组合开关是控制照明灯光和信号灯光的装置，常见的是旋转式组合开关，大多数安装在转向盘左下方转向柱上，用左手操纵。

将开关手柄向前转动一挡，示廓灯、后位灯和牌照灯亮。将开关手柄向前转动到底，全部照明灯亮。将开关手柄向上拉，近光灯亮；向下推到底，远光灯亮。交替转换近光灯和远光灯时，可在近光灯亮的位置向上提开关变远光灯，放松开关变近光灯。将开关手柄向后转到底，全部照明灯灭

</td>
<td>

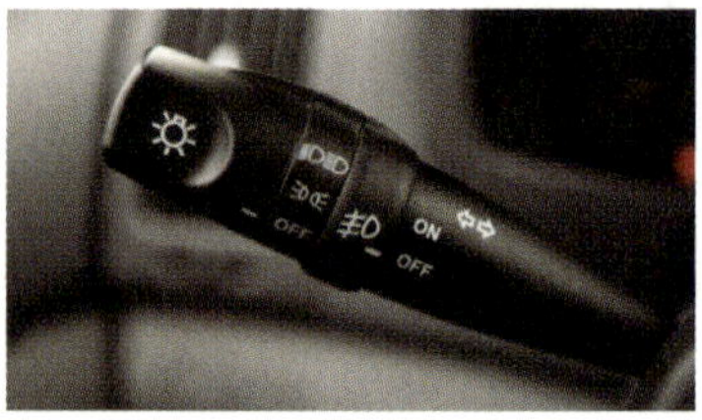

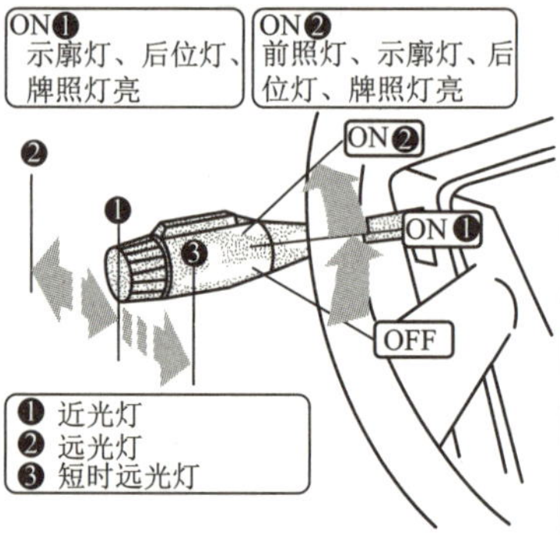

</td>
</tr>
<tr>
<td>

BCM 控制模块：

BCM 是包含各类灯以及门锁功能的模块，同时也具有 CAN 和 LIN 网关功能。

BCM 的特点：CAN/LIN 网络支持，对应于各种单元规模的封装 / 内存，为克服车内线路引起的电磁辐射的低 EMI，以及待机时为降低电池消耗的低功耗而设计。

</td>
<td>

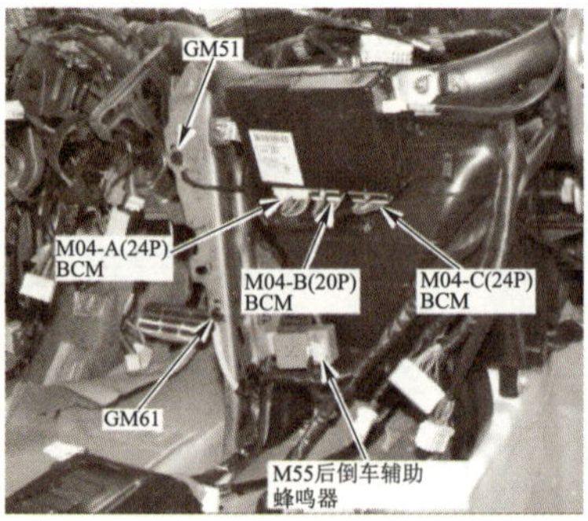

</td>
</tr>
</table>

灯光系统电路及相关元件检测方法	BCM 具有以下发展趋势：BCM 控制对象更多；各电子设备的功能越来越多，各种功能都需要通过 BCM 来实现，使得 BCM 功能更加强大；各电子设备之间的信息共享越来越多，一个信息可同时供许多部件使用，要求 BCM 的数据通信功能越来越强；单一集中式 BCM 很难完成越来越庞大的功能，使得总线式、网络化 BCM 成为发展趋势	M04-B 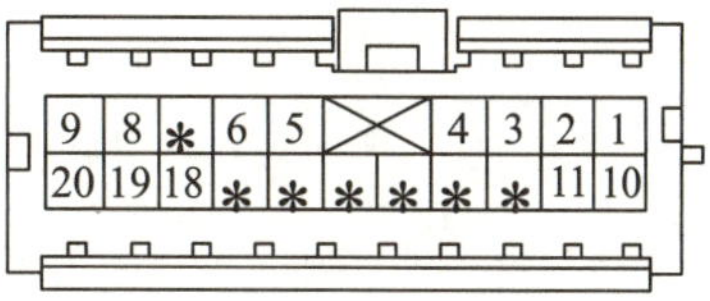 M04-C 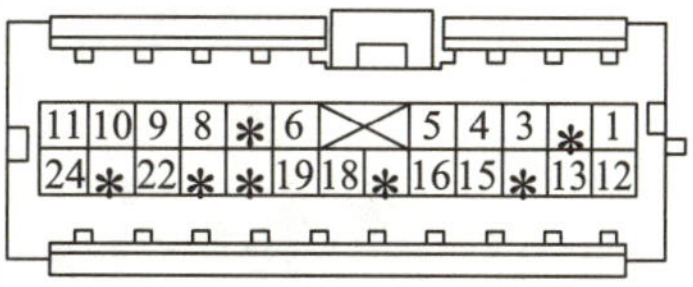
灯光系统电路检测注意事项	1. 遵循的原则：由易到难、由外到内逐点排除。 2. 检测点位置的确定，应具体到元器件针脚号和导线颜色。 3. 要考虑检测手段和方法的运用。 4. 正确、规范使用万用表。 5. 排除故障过程中不得破坏线路、不得自制故障。 6. 禁止在通电的情况下进行电路的修复	 更多资料

案例集锦

故障现象：一辆大众速腾轿车该车灯光开关 E1 位于大灯挡时，操作雾灯开关，前、后雾灯均不亮；在小灯挡时，前、后雾灯均工作正常，其他灯光也工作正常	故障检查与排除： 故障原因分析：灯光开关控制电路图如图所示。E1 位于大灯挡时，前、后雾灯全不亮；但位于小灯挡时，前、后雾灯均工作正常。说明前、后雾灯及其开关控制电路无故障，而是 J519 可能检测到 E1 挡位信号输入错误，从而进入到应急状态。造成故障的可能原因：E1 及其信号输出电路故障。 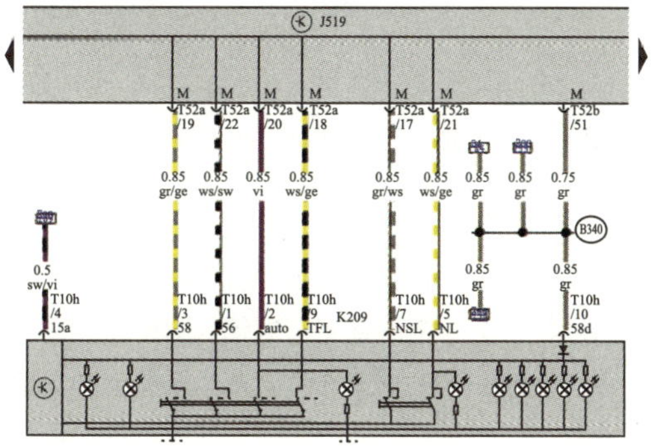 E1 车灯开关 E7 前雾灯开关 E18 后雾灯开关 J519 车载电网控制单元 K17 前雾灯指示灯 K209 自动车灯控制指示灯 L9 大灯开关照明灯泡 T10h 10芯插头连接 T52a 52芯插头连接 T52b 52芯插头连接 388 接地连接23，在主导线束中 B150 正极连接2(30a)，在车内导线束中 B340 连接1(58d)，在主导线束中

<table>
<tr>
<td>故障现象：一辆大众速腾轿车该车灯光开关E1位于大灯挡时，操作雾灯开关，前、后雾灯均不亮；在小灯挡时，前、后雾灯均工作正常，其他灯光也工作正常</td>
<td>
故障诊断过程：
（1）检查 E1 灯光开关信号输出（基于拆装和测量方便原则），打开点火开关，使 E1 开关位于大灯挡，用数字万用表测试 E1 的灯光开关控制电路简图 T10h/9 端子和 T10h/1 端子对地电压，测试结果如表 1 所示。
表 1
<table>
<tr><th>测试参数</th><th>T10h/1 对地电压</th><th>T10h/9 对地电压</th></tr>
<tr><td>标准描述</td><td>+B</td><td>0V</td></tr>
<tr><td>测试结果</td><td>+B</td><td>0V</td></tr>
<tr><td>是否正常</td><td>未见异常</td><td>未见异常</td></tr>
</table>
测试结果说明开关输出没有问题。引起故障的可能原因为：E1 的 T10h/1 端子与 J519 的 E/8 端子之间电路故障；J519 局部故障。
（2）检查 E1 灯光开关信号输入，打开点火开关，E1 开关位于大灯挡，用数字万用表测试 J519 的 E/8 端子和 E/16 端子对地电压，结果如表 2 所示。
表 2
<table>
<tr><th>测试参数</th><th>J519 E/8 对地电压</th><th>J519 E/16 对地电压</th></tr>
<tr><td>标准描述</td><td>+B</td><td>0 V</td></tr>
<tr><td>测试结果</td><td>0.015V</td><td>0.01 V</td></tr>
<tr><td>是否正常</td><td>异常</td><td>未见异常</td></tr>
</table>
综合以上测量结果，E1 的 T10h/1 脚电压为电源电压，而 J519 的 E/8 脚对地电压始终为零，两者之间电压差为蓄电池电压，说明 T10h/1 端子与 J519 E/8 端子之间电路存在断路故障。验证：用带有保险丝的导线跨接故障电路，故障现象消失，故障排除。
维修结论：由于灯光开关 E1 的 T10h/1 端子至 J519 的 E/8 端子之间线路断路，导致当 E1 处于大灯挡位时，E1 三个端子的电脑输入电压均为 0 V，系统进入应急保护模式，从而出现上述故障现象
</td>
</tr>
<tr>
<td>故障现象：一辆行驶里程约2000 km的大众新迈腾轿车，该车灯光偶尔报警，随动转向大灯失效</td>
<td>
故障检查与排除：
首先使用 VAS5052 A 查询故障码，在大灯自动垂直对光控制系统中有“右侧大灯随动伺服电机对地短路”的故障码。
此故障码的含义并不明确，在电路图中并没有关于“右侧回转模块位置传感器”的描述，很有可能是诊断软件或通信协议等版本或翻译问题造成的故障码不准确，目前也没有相关大众公司 SAE 故障码定义的资料，但是基本上能锁定在右侧大灯的控制单元或执行器部分，依据商品车电器故障的维修经验，按照保险丝—线路—节点—控制单元—执行器的顺序进行逐一排查。
</td>
</tr>
</table>

故障现象：一辆行驶里程约2000 km的大众新迈腾轿车，该车灯光偶尔报警，随动转向大灯失效

根据电路图，找到和右侧大灯相关的保险丝进行检查。检查至右侧大灯照明距离调节伺服电动机的供电保险丝 SC8 时（如下图所示），发现保险丝座间隙较大，稍微动一下保险丝故障即消失，随即对保险丝座间隙进行缩小处理，故障得以排除。由此看来，此故障码的含义实质上应是指右侧大灯照明距离调节伺服电动机。

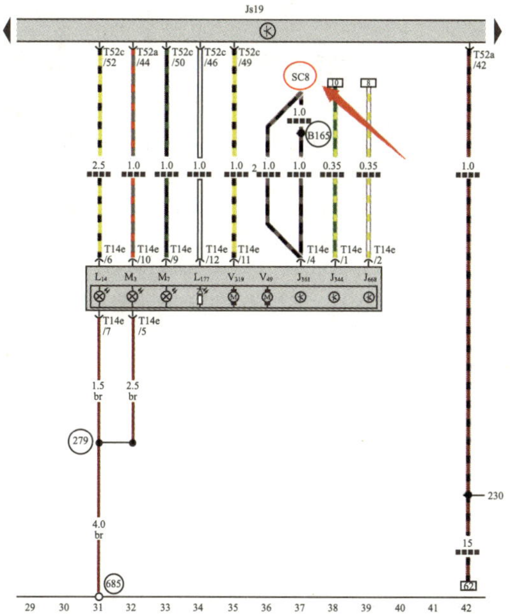

J344 右侧气体放电灯泡控制单元
J519 车载电网控制单元
J668 右侧大灯电源模块
J816 右侧白天行车灯和停车灯控制单元
L14 右侧气体放电灯泡
L177 日行车灯和驻车灯右侧光电管模块
MX2 右前大灯
M3 右侧停车灯灯泡
M7 右前转向信号灯灯泡
SC8 保险丝架C上的保险丝8
T14e 14芯插头连接
T52a 52芯插头连接
T52c 52芯插头连接
V49 右侧大灯照明距离调节伺服电动机
V319 右侧动态弯道灯伺服电动机
238 接地连接1，在车内导线束中
279 接地连接5，在车内导线束中
685 接地点1，在前纵梁上
B165 正极连接2(15)，在车内导线束中

故障原因：保险丝座生产过程中瑕疵导致间隙过大，不能和保险丝密实咬合，产生虚接现象，导致故障发生。

故障处理：对保险丝座间隙进行缩小处理。

案例点评：对于新车型中没有见过或描述不清的故障码，要根据车辆结构原理仔细分析其真正的含义，详细阅读电路图或维修手册以寻找相关联的技术支持，制定缜密的维修流程进行检查，不要盲目猜测换件

更多案例

学习单元3　汽车空调不制冷故障诊断

工作任务	排除汽车空调不制冷故障	教学模式	任务驱动
建议学时	6 学时	教学地点	一体化实训室
任务描述	有一辆现代悦动轿车，打开空调时出风正常，但是不出冷风。作为维修技工，应当根据维修手册，正确使用万用表、故障诊断仪，参考相关资料排除故障，以恢复空调系统正常工作状态，最终提出合理化使用建议，经检验合格后交付前台	故障现象	

学习目标	1．能够按照正确的操作规程进行故障诊断排除，树立良好的安全文明操作意识。 2．能够根据维修手册、电路图和其他资源分析空调系统不制冷故障原因。 3．能在规定时间内查找故障，排除并验证排除结果。 4．能够主动获取信息，展示学习成果，对工作过程进行总结与反思，培养与他人进行有效沟通和团结协作的能力。 5．能够为顾客正确使用空调提出合理化建议	
设备器材	现代悦动轿车1辆，工具车1台，诊断仪、探针、万用表、制冷剂检漏仪、制冷剂加注机各1套，悦动轿车维修手册1份，网络资源	

故障诊断思路

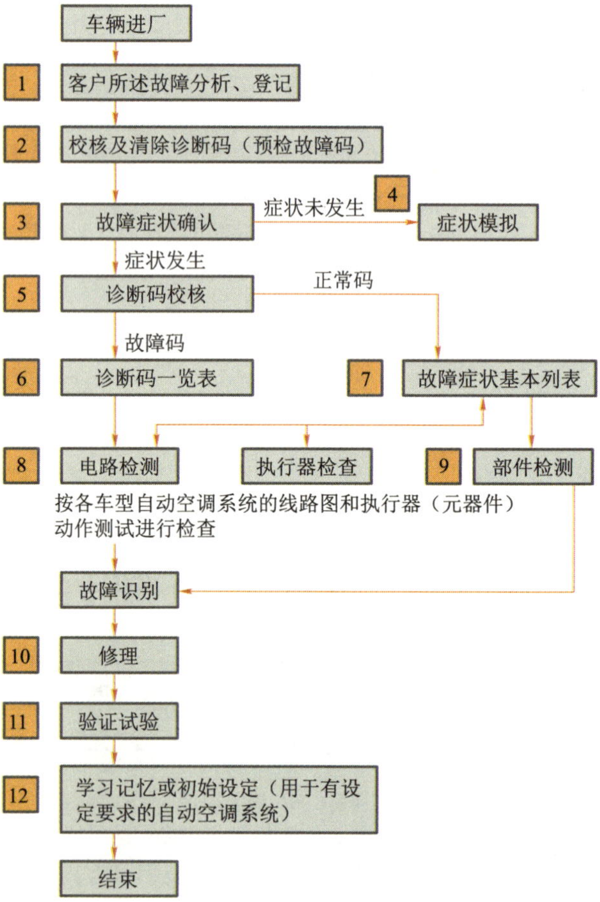

知识充电站	
汽车空调不制冷可能原因	1. 制冷剂不足。 2. 膨胀阀堵塞或蒸发器片堵塞。 3. 冷凝器片堵塞或系统温度过高，制冷效果差。 4. 空调系统管路泄漏。 5. 空调压缩机压力不足。 6. 空调熔丝烧断，线路破损、短路或者接插件不良
汽车空调系统故障检测方法	1. 感官检查法 （1）压缩机运转状态： ①传动皮带是否断裂或松弛，若传动皮带太松就会打滑，加速磨损而不能传递动力。 ②压缩机内部是否有噪声。噪声可能是由于损坏的内部零件造成的，内部损坏就不能有效压缩。 ③压缩机离合器是否打滑。 （2）冷凝器及风扇状态： ①冷凝器散热片是否被尘土覆盖。 ②冷凝器风扇是否运转良好。 （3）鼓风机风扇运转状态： 使鼓风机在低、中、高三速度下运转，若有异响或电动机运转不良，则应进行维修或更换，否则送风气流不足。 （4）制冷剂液量的检查： ①通过观察窗如看到大量的气泡，说明制冷剂不足。若向冷凝器泼水，使其冷却，在观察窗口仍见不到泡沫，说明制冷剂过量。 ②检查各装置过接处和接缝是否有油污。 在过接处和接缝有油污，表明该处有制冷剂泄漏，应重新紧固或更换零件。可采用检漏仪检查。 （5）暖通阀和热控风挡是否关闭，其他风挡调节是否正常。 **注：如压缩机离合器不能吸合、鼓风机风扇不能运转、冷凝器风扇不能动转等，应先进入电气系统检查，如继电器、传感器、电路断路和短路、控制单元等。** 2. 仪表检查法 这种方法利用成套压力表查找故障位置。首先关紧压力表的高压端和低压端开关，在停机状态下，将制冷剂加注软管连接在压缩机相应的维修阀上，并利用制冷剂装置中的制冷剂压力，排出软管中的空气。此时高低压端读数应处于平衡状态（约 6 kg/cm^2）。起动发动机，维持 1 500 r/min，鼓风机转速设在最高挡，冷气设在最大位置，处于“再循环”状态。正常读数为： R-134 a 低压：1.5 ～ 2.5 kg/cm^2；高压：14 ～ 16 kg/cm^2。 (1) 高压侧与低压侧压力表指示值低，通过观察孔可见气泡。 原因：制冷循环漏气；制冷剂没有定期补充。 处理：用检漏仪检查，并进行修理，补充制冷剂。 (2) 低压侧压力表指示负压，高压侧指示比正常值低，储液瓶前后管路有温差，严重时，储液瓶管路前后有霜。 原因：膨胀阀或低压管阻塞，储液瓶或高压管路阻塞；膨胀阀压力泡漏气，针阀完全关闭。

汽车空调系统故障检测方法	处理：清除或更换相关部件和储液瓶，若压力泡漏气，更换膨胀阀。 （3）高、低压两侧，压力表指示均比标准值高，冷凝器械排出侧不热。 原因：制冷剂填充过量。 处理：排出多余制冷剂，使压力达标。 (4) 在高、低两侧，压力表指示均比正常值高，但停机后，高压侧压力骤降至约 2 kg/cm^2。 原因：制冷循环中混入空气（抽空不够或填充时有空气进入）。 处理：重新抽空加注，如仍有上述症状，更换储液瓶及压缩机油。 (5) 高、低压侧压力表均指示比正常值高，低压侧管路形成霜冻或深度冷凝。 原因：膨胀阀失效（针阀开启过宽）；膨胀阀压力泡与蒸发器连接断开。 处理：检查，重新接好压力泡和更换膨胀阀。 （6）低压侧压力高，高压侧压力低，停机后，两侧压力立即趋于平衡。 原因：压缩机阀、活塞环损坏，不能有效压缩。 处理：更换压缩机。 （7）在低压与高压两侧，压力表指示值波动。 原因：由于干燥器超饱和，制冷剂中的潮气不能去除，使膨胀阀中的针阀不能冻结，引起冰堵，当制冷剂不再循环时，冰被周转热量解冻，之后再冻结成冰，这一过程反复循环。 处理：更换储液瓶及压缩机油，重新抽真空加注
空调系统组成元件及相关检测方法	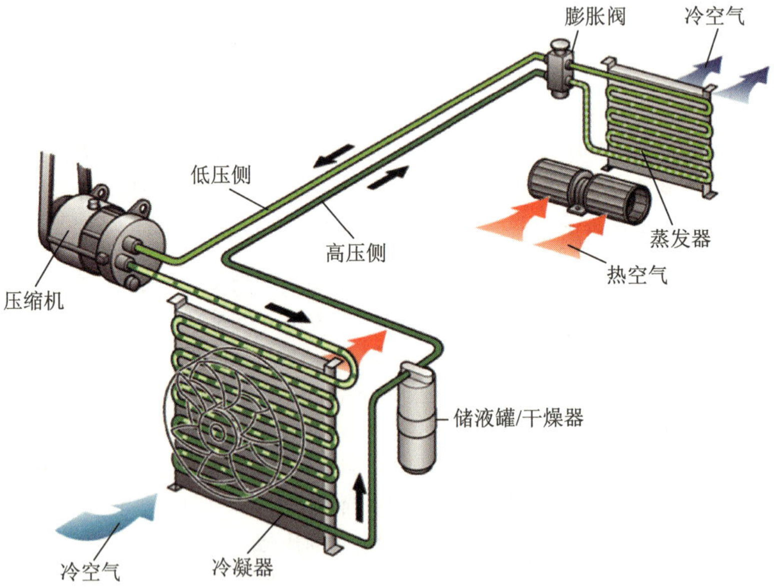

<table>
<tr>
<td rowspan="3">空调系统组成元件及相关检测方法</td>
<td>压缩机：
压缩机是制冷系统中低压和高压、低温和高温的转换装置，是推动制冷剂在制冷系统中不断循环的动力。输送制冷剂对保障制冷系统正常工作具有十分重要的作用</td>
<td></td>
</tr>
<tr>
<td>冷凝器：
冷凝器的作用是把来自压缩机的高温高压气体通过管壁和翅片将其中的热量传递给冷凝器周围的空气，从而使高温、高压的气态制冷剂冷凝成高温、中压的液体。
1. 汽车用空调冷凝器的性能要求
（1）要有较高的散热效率。
（2）结构、重量、尺寸、空间合理。
（3）抗振性能好。
（4）冷凝空气阻力小。
（5）耐腐蚀性能好。
2. 冷凝器的种类
主要有管带式、管翅式、平流式等</td>
<td></td>
</tr>
<tr>
<td>膨胀阀、节流膨胀管：
1. 膨胀阀
（1）分类：膨胀阀、膨胀节流管。
（2）膨胀阀作用：
①节流降压；
②调节流量；
③控制流量，防止液击和异常过热发生。
（3）膨胀阀的种类：外平衡膨胀阀、内平衡膨胀阀、H 型膨胀阀。
（4）膨胀阀的作用：
①节流降压：它将干燥瓶里中温、高压的液态制冷剂降压为容易蒸发的低温、低压、雾状制冷剂，进入蒸发器，即分开了制冷剂的高压侧和低压侧。</td>
<td>
H 型膨胀阀</td>
</tr>
</table>

空调系统组成元件及相关检测方法

②调节制冷剂流量：由于制冷剂负荷的改变以及压缩机转速的改变，要求流量做相应调节，以保持车内温度稳定，膨胀阀能自动调节进入蒸发器的流量，以满足制冷剂循环要求。

③防止液击：避免液态制冷剂进入压缩机而造成液击现象，同时又控制了过热度处在一定范围内。

2. 节流膨胀管

节流膨胀管是一根细铜管，装在一根塑料套管内，塑料套管外环形槽内装有密封圈，是一种固定孔口的节流装置，其两端都装有过滤网，以防堵塞。节流膨胀管直接安装在冷凝器出口和蒸发器进口之间，由于其不能调节流量，液体制冷剂很可能流出蒸发器而进入压缩机，造成压缩机液击，为此装有膨胀管的系统必须同时在蒸发器出口和压缩机进口之间安装一个汽液分离器，实现液、汽分离，避免压缩机发生液击。

由于节流膨胀管没有运动部件，故其结构简单、成本低、可靠性高，同时节省能耗。许多美国和日本高级轿车都采用这种节流方式，其缺点是制冷剂流量不能根据工况变化进行调节。

故障诊断：

（1）故障现象：

①微堵时，在进口小滤网发生结冰现象，同时可以听到断续的气流声。

②全堵时，手摸膨胀阀进、出口无温差，车内冷气出风口温度偏高或不冷，高压侧偏高，低压侧偏低。

③发生冰堵时，在低压保护开关作用下，电磁离合器分离，出现压缩机间歇停歇工作现象，系统断续制冷。

（2）产生原因：

①维修不当，系统混入污物。

②橡胶制品、密封圈受腐蚀产生杂质堵塞了管道。

③膨胀阀感温包损坏。

④制冷剂中含水分，膨胀阀产生冰堵现象。

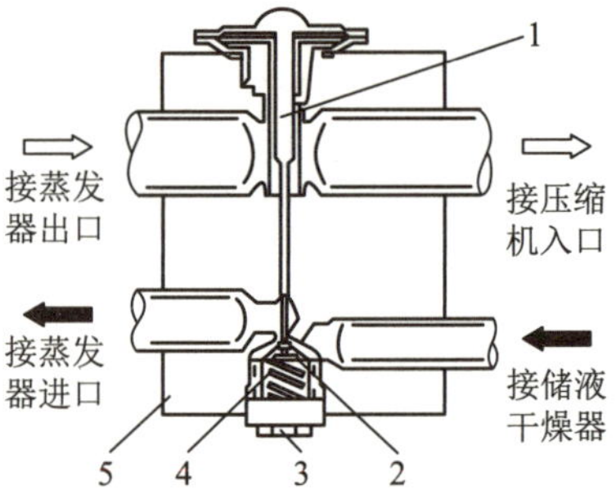

H型膨胀阀的结构示意图

1—感温元件；2—球阀；3—调节螺栓；4—预紧弹簧

内平衡热力膨胀阀

外平衡热力膨胀阀

<table>
<tr>
<td rowspan="2">空调系统组成元件及相关检测方法</td>
<td>（3）采取措施：
轻敲小滤网进口部位，若听到气流声有变化，同时节流孔处白霜融化，则可能是膨胀阀进口小滤网堵塞。可用四氯化碳清洗，干燥后再使其进入膨胀阀。
若清洗后仍不通，则更换膨胀阀。按规程操作，同时换上新的干燥罐或干燥剂</td>
<td>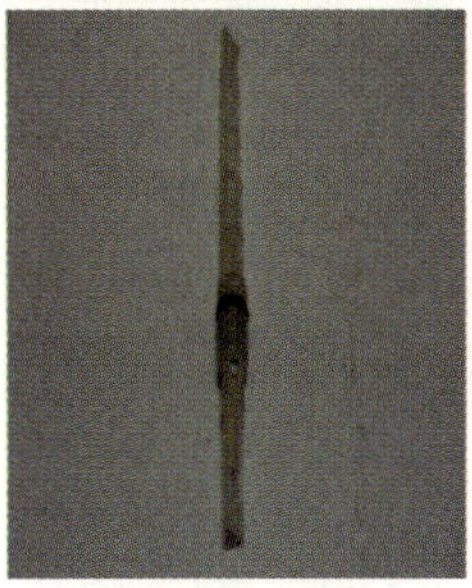
节流膨胀管
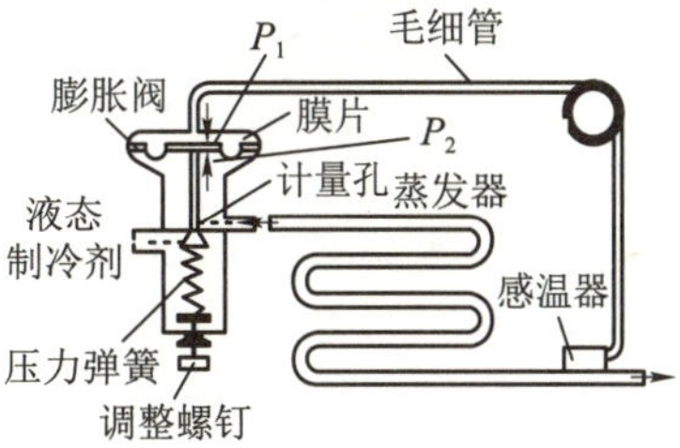

节流膨胀管原理图</td>
</tr>
<tr>
<td>干燥罐：
1. 干燥罐的组成
主要由储液器、干燥器、过滤器、观察窗和安全装置等几部分构成。
2. 干燥剂的种类
主要有硅胶和分子筛两种。
3. 储液干燥罐的安装
（1）干燥罐要安装在通风、冷却好、远离热源的地方。
（2）干燥罐要直立安装，倾斜度不能大于 150°。
（3）安装时，干燥罐必须装在最后。
（4）不同制冷剂所装干燥罐不一样，不能混用。
（5）安装前一定要先搞清楚储液器的进、出口端，在储液器的进、出口端一般都打有记号，如进口端用英文字母 IN、出口端用 OUT 表示，或直接打上箭头以表示进、出口端。
故障现象：
（1）制冷不足或完全不制冷。
（2）系统低压侧压力大幅下降。
（3）用手摸储液器时，进出口温差较大。
（4）手摸储液器感觉不热，或者上部热下部凉。
采取措施：
（1）对于不可拆式干燥器（轿车上常见），失去干燥能力时应进行更换。
（2）可拆式干燥器出现故障，可清洗滤网或者更换干燥器。</td>
<td>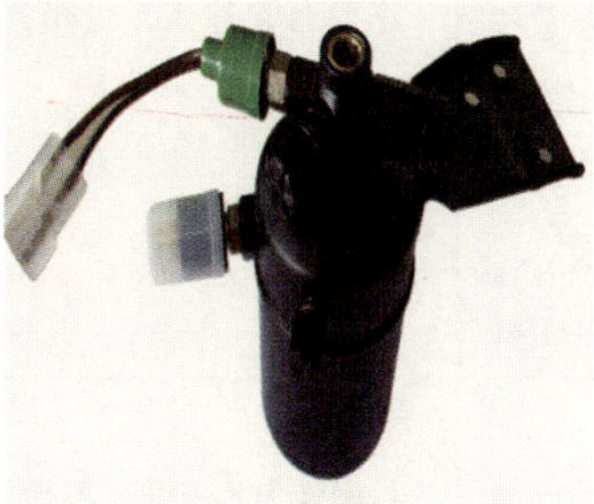
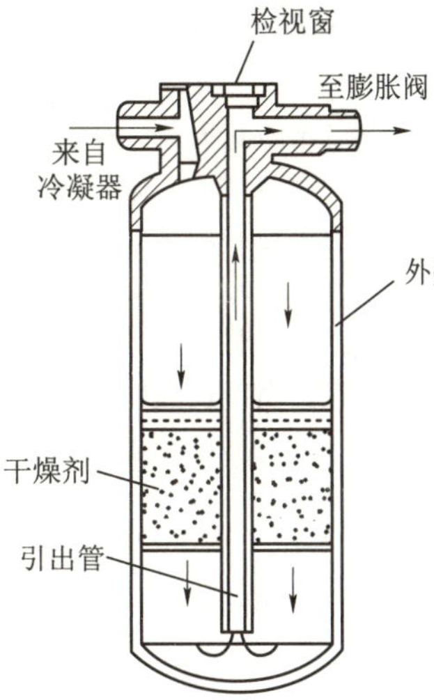
</td>
</tr>
</table>

空调系统组成元件及相关检测方法	**蒸发器：** 1. 功用： 将经过节流降压的液态制冷剂在蒸发器内沸腾汽化，吸收蒸发器表面周围空气的热量，风机将蒸发器周围的冷风吹入车内，达到降温的目的。 2. 制造要求： 制冷效率高、尺寸小、重量轻，比冷凝器窄、小、厚。 3. 对蒸发器性能的要求 （1）重量轻、体积小、散热面空气阻力小，具有高的散热效率。 （2）耐腐蚀，抗振性能好。 （3）材料低温性能好，无毒性，冲击后不产生火花，且价格便宜。 4. 蒸发器的种类 主要有管片式、管带式、层叠式	 蒸发器外观 
制冷剂和冷冻油使用时的注意事项	1. 操作制冷剂时，不要与皮肤接触，应戴护目镜，以免冻伤皮肤和眼球； 2. 避免振动和放置高温处，以免发生爆炸； 3. 远离火苗，避免 R12 分解产生有毒光气体； 4.R134a 与 R12 不能混用，因为不相溶，会导致压缩机损坏； 5. 使用 R134a 制冷剂的系统，应避免使用铜材料，这样会产生镀铜现象； 6. 制冷剂应放置在低于 40℃以下的地方保存； 7. 冷冻机油应保存在干燥、密封的容器里，并放在阴暗处，以免空气中的水分和其他杂质进入油中； 8. 不同牌号的冷冻油不能混装、混用； 9. 变质的冷冻油不能使用； 10. 制冷系统中不能加注过量的冷冻油，以免影响制冷效果	 更多资料

<table>
<tr><th colspan="4">案例集锦</th></tr>
<tr><td>故障现象：一辆2008年款福特汽车，在正常运行中突然出现空调不制冷现象。经初步检查，鼓风机送风正常，制冷剂压力正常。该故障曾进行过多次检修，但均未能排除</td><td colspan="3">故障检查与排除：
1. 首先检查空调压缩机电磁离合器控制线，发现电压微弱。将蓄电池电压加在空调压缩机电磁离合器上，电动汽车空调压缩机电磁离合器接合，初步断定空调不制冷是由于压缩机电磁离合器不能吸合所致。
2. 经检查发现，短接低压开关后压缩机电磁离合器立即吸合，压缩机运转制冷，但运转时电磁离合器一直吸合，不能自动循环断开。按常规分析，还应有蒸发器温度传感器信号控制压缩机电磁离合器循环通断工作，但拆检蒸发器等部件，没有找到蒸发器温度传感器。
3. 福特 WIND STAR 汽车的空调系统为循环离合器孔管式（即 CCOT）系统，装在储液器上的离合器循环压力开关感知从蒸发器流出的制冷剂压力，该压力间接反映蒸发器内制冷剂的蒸发温度。当压力低于设定值时，相当于蒸发器温度接近 0℃，循环压力开关断开，信号输入离合器控制放大电路，控制离合器线圈断电，压缩机停止工作，防止蒸发器结冰；随着蒸发器内的制冷剂温度升高，压力亦随之升高，当达到设定值时，循环压力开关接通，放大电路控制离合器线圈通电，压缩机重复运转，如此反复循环。
4. 该故障现象是离合器线圈无工作电压，短接循环压力开关后，压缩机电磁离合器不能自动断开，故可确认是循环压力开关损坏。
5. 更换循环压力开关，空调系统工作恢复正常</td></tr>
<tr><td>故障现象：一辆行驶里程约1.7万km的2012款大众迈腾轿车。客户反映：该车空调不制冷</td><td>故障诊断：
接车后，首先试车验证故障现象属实。连接 VAS 5052A 读取故障代码，读得的故障代码为 B10ABF0，含义为“制冷剂压力未达到下限”。根据该故障代码的相关提示，检查空调系统管路及空调压缩机，发现空调压缩机限压阀打开，制冷剂泄漏。
针对空调压缩机限压阀打开的故障现象，初步判断为空调系统压力过高，其可能的故障原因主要有：空调压力传感器故障导致空调系统压力信号异常；空调压缩机本身机械故障导致空调系统压力无法调节；空调系统管路堵塞导致空调系统压力过高；冷凝器散热问题导致空调系统温度过高从而造成空调系统压力过高。
根据先易后难的故障诊断原则，首先检查空调压力传感器及其线路问题。拆下空调压力传感器，检查线路，正常，检查空调压力传感器接口，拆下空调压力传感器接口的单向阀，发现其内部不通，初步判断为高压管路问题。由于空调高压管路压力传感器接口处不通，空调压力传感器接收不到信号，制冷剂压力信号为0，压力传感器无法给空调控制单元提供正确的制冷剂压力信号，导致空调压缩机大负荷工作，同时空调控制单元无法正常控制风扇工作，空调系统管路内的压力、温度过高，从而造成空调压缩机限压阀打开泄压。
故障排除：更换空调系统高压管路，重新加注空调制冷剂后试车，空调制冷正常，故障排除</td><td>更多案例</td><td></td></tr>
</table>

学习单元 4　电动门窗升降异常故障诊断

工作任务	排除电动门窗升降异常故障	**教学模式**	任务驱动
建议学时	6 学时	**教学地点**	一体化实训室
任务描述	有一辆丰田卡罗拉轿车左后车窗无法升降。作为维修技工，应当根据维修手册，正确使用万用表、故障诊断仪，参考相关资料排除故障，以恢复车窗正常工作状态，最终提出合理化使用建议，经检验合格后交付前台	故障现象	
学习目标	1．能够按照正确的操作规程进行故障诊断排除，树立良好的安全文明操作意识。 2．能够根据维修手册、电路图和其他资源分析车窗电路，并列举出可能导致左后车窗无法升降的故障原因。 3．能在规定时间内查找故障，排除并验证排除结果。 4．能够主动获取信息，展示学习成果，对工作过程进行总结与反思，培养与他人进行有效沟通和团结协作的能力。 5．能够为顾客正确使用电动车窗提出合理化建议		
设备器材	丰田卡罗拉轿车 1 辆，工具车 1 台，诊断仪、探针、万用表，丰田卡罗拉轿车维修手、车窗电路图各 1 份，网络资源		

故障诊断思路

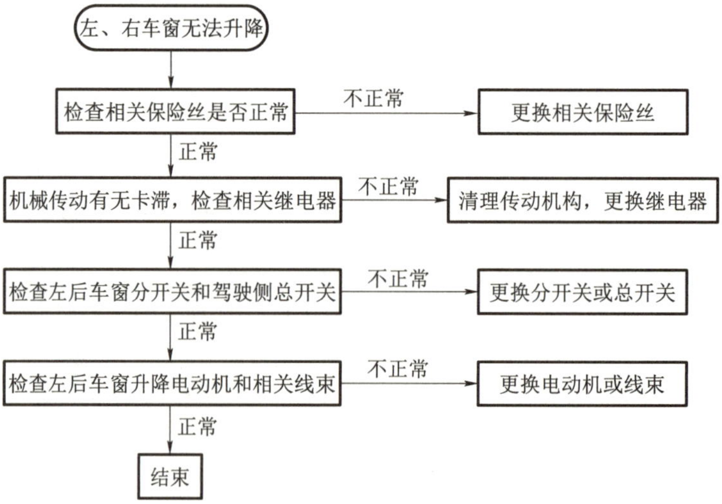

知识充电站

汽车车窗无法升降可能原因	1. 供电线路保险丝、继电器故障。 2. 车窗控制开关或车窗电动机故障。 3. 线路故障。 4. 控制单元自身故障等
诊断维修条件	1. 维修过程保证电瓶电量充足。 2. 检测工具、资料、设备准备齐全
车窗电路及相关元件检测方法	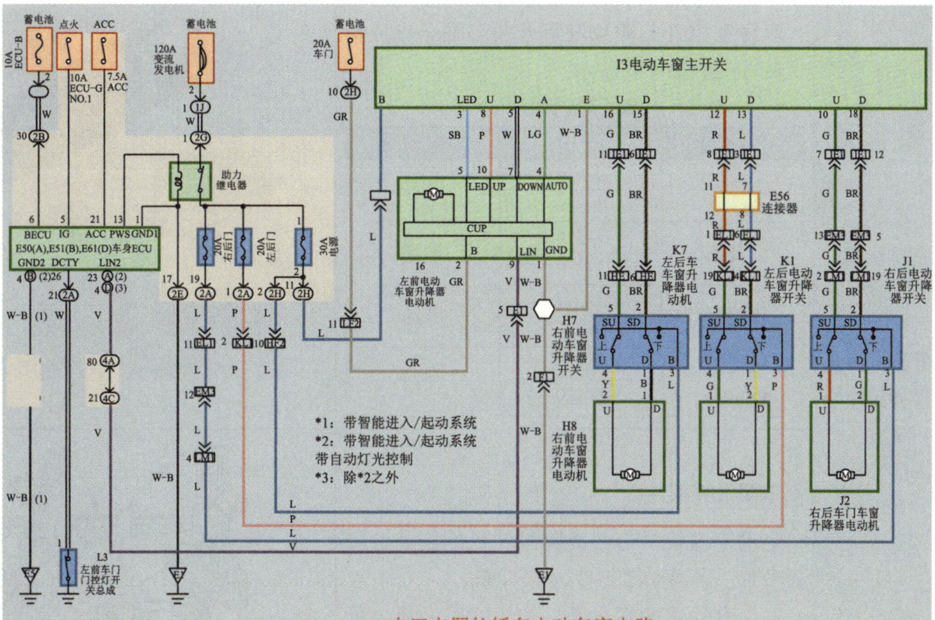 丰田卡罗拉轿车电动车窗电路
	检测保险丝、继电器： 1. 保险丝测量：用万用表欧姆挡测量保险丝阻值，不应高于 1 Ω；或用蜂鸣挡检测保险丝是否导通。 2. 继电器测量：用万用表欧姆挡测量继电器线圈（85-86 端子）阻值，应为 60 ~ 120 Ω；给线圈两端加 12V 电压，用电阻挡测量开关（30-87 端子）两端阻值变化情况，应从无穷大变为接近 0 Ω 

车窗电路及相关元件检测方法

电路常见故障检测方法：

电路常见故障是断路、短路与搭铁。通常采用试灯法，将试灯的一端接在被测端的电源点，另一端搭铁，电路正常时试灯应亮，否则断路出现在试灯亮与不亮之间；或用“R×1Ω”电阻挡测量被测电路的导通电阻（不带电测试），若读数偏小，则表示该电路有短路或搭铁，采用逐段断开及逐段测试的方法，即可找出短路故障处，通常断路故障出现在试灯亮与不亮之间

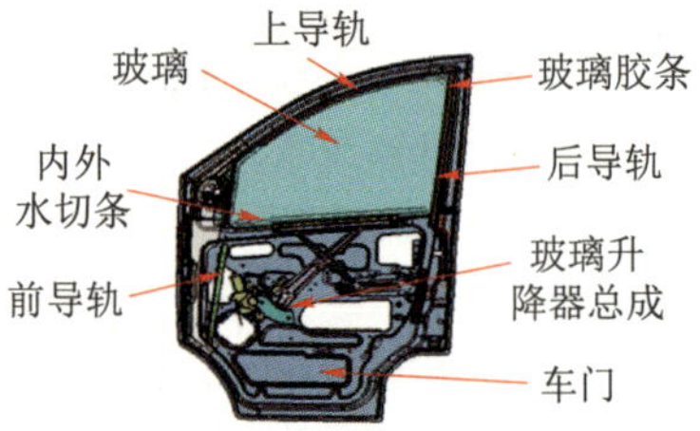

车窗主控开关

车窗主控开关即驾驶侧开关各端子导通情况的标准值如下表所示。

端子导通情况

开关位置	端子	规定情况
UP	4-6-7	导通
	1-3-9	
OFF	1-3-4	导通
	1-3-9	
DOWN	1-3-4	导通
	6-7-9	
AUTO DOWN	1-3-4	导通
	6-7-9	

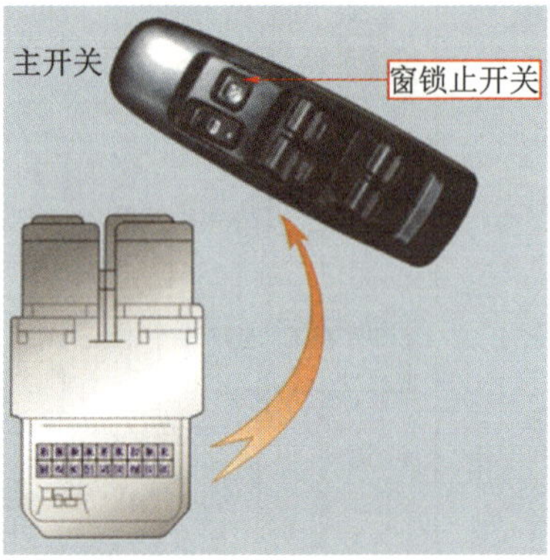

车窗机械部件：

电动车窗机械部分故障最常见的就是升降器变形、各滑动零部件运动不畅。

对于升除器变形故障，维修时需做更换处理；对于滑动零部件运动不畅的故障，需在相应部位加润滑脂，如右图中箭头所示

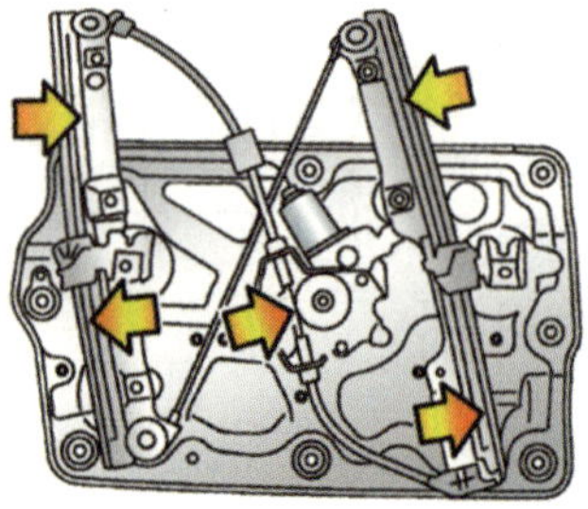

加润滑脂的部位

车窗调节电动机

当接头和每个端子加以蓄电池正极电压时，检查电动机运动平顺性。驾驶员侧和左后侧的标准如下表所示。若不符合规定，则需更换电动机

测量情况	规定情况
蓄电池正极 - 端子 4 蓄电池负极 - 端子 5	顺时针
蓄电池正极 - 端子 5 蓄电池负极 - 端子 4	逆时针

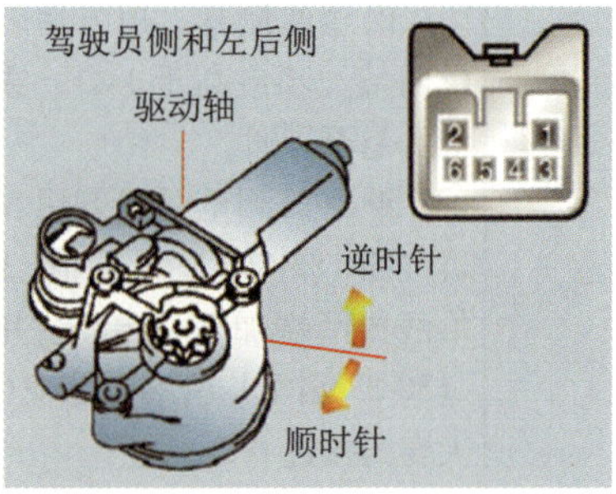

车窗控制电路检测注意事项	1. 遵循的原则：由易到难、由外到内逐点排除。 2. 检测点位置的确定，应具体到元器件针脚号和导线颜色。 3. 要考虑检测手段和方法的运用。 4. 正确规范使用万用表。 5. 排除故障过程中不得破坏线路、不得自制故障。 6. 禁止在通电的情况下进行电路的修复	 更多资料

案例集锦

故障现象：桑塔纳3000轿车中控门锁和电动玻璃升降器不工作

故障诊断：接车后，对中控门锁和电动玻璃升降器故障进行了初步检查。打开点火开关，检查所有车门玻璃升降器开关上的指示灯均不亮，操作所有车门的玻璃升降器开关，均不能动作；操作前门上的门锁按钮，也没有任何反应。

该车中控门锁和电动玻璃升降器的相关电路如图 1 和图 2 所示，从电路图可知，电动玻璃升降器和中控门锁的工作是以舒适系统控制单元为核心的。中控门锁在开锁和闭锁操作后，左前和右前门锁的闭锁开关信号传递给舒适系统控制单元 J330，J330 控制四门的中控门锁电动机动作。同时，J330 也接收左前门电动玻璃升降器开关信号。当 J330 收到左前门玻璃升降器开关信号时，直接控制左前门电动玻璃升降器电动机工作。另外，当右前门玻璃升降器和后门玻璃升降器工作时，玻璃升降器电动机的负极回路也受 J330 控制完成。

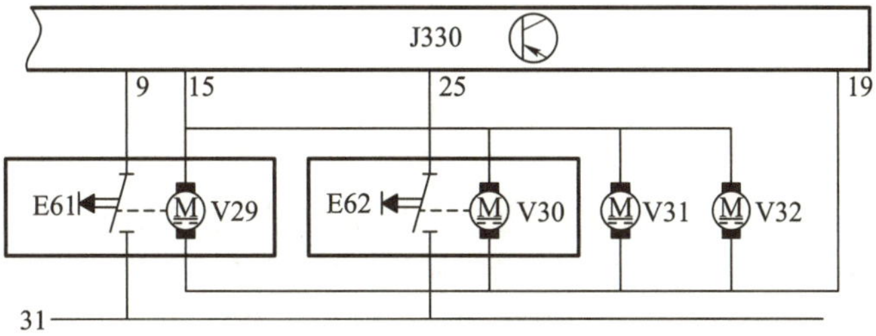

图 1　中控门锁相关电路

J330—舒适系统控制单元；E61—左前门中控开关；E62—右前门中控开关；V29—左前门中控电动机；V30—右前门中控电动机；V31—左后门中控电动机；V32—右后门中控电动机

故障现象：桑塔纳3000轿车中控门锁和电动玻璃升降器不工作	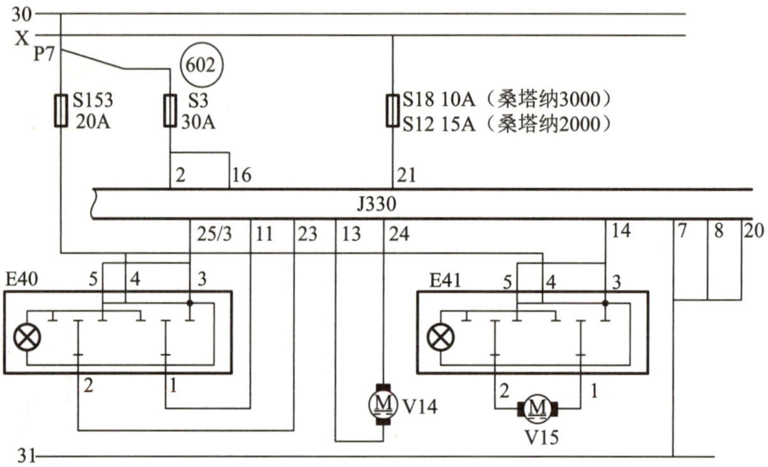 图 2 电动玻璃升降器相关电路图 J330—舒适系统控制单元；E40—左前门玻璃升降器开关；E41—右前门玻璃升降器开关；V14—左前门玻璃升降器电动机；V15—右前门玻璃升降器电动机 根据电路图可知，该车故障的可能原因是：① J330 损坏。② J330 的电源电路有短路或断路现象。首先拆下仪表板左下护板，检查 J330 的供电熔断丝 S3，发现已经熔断。更换新的 30A 熔断丝，分别操作中控门锁和玻璃升降器开关使其工作。当操作左前门玻璃升降器开关时，左前门和其他玻璃升降器开关指示灯突然熄灭，中控门锁和玻璃升降器再次停止工作，拆下熔断丝 S3，熔断丝又断了，从而说明故障是由于左前门玻璃升降器电路某处有故障，致使 J330 供电熔断丝熔断而停止工作，从而使中控门锁和玻璃升降器无法正常工作。 接着拆下左前门内衬板检查左前门玻璃升降器电路。拆下内饰板，拔下玻璃升降器电动机插接器时，发现左前门限位器的塑料外罩脱掉，玻璃升降器电动机 V14 的一条电路被夹入左前门限位器内，致使电路接地短路，导致 J330 供电熔断丝熔断。 故障排除：将损伤的电路包扎处理后，换上新的熔断丝，故障排除
故障现象：一辆 2006 年产 POLO 劲取 1.6 L 自动挡轿车，行驶里程 2.4 万 km，用户反映除驾驶员侧车门外，其余车门电动车窗不能控制	故障检查与排除： 检查分析：维修人员做基本检查后发现，前排乘客侧车门、左后车门和右后车门电动车窗均不能由驾驶员侧车门电动车窗控制开关控制升降，按动各车门自身控制开关也无效。连接 VAS5052 故障诊断仪，查询舒适系统控制单元 J393，未存故障码。POLO 劲情和劲取轿车的电动车窗控制方式与老款 POLO 有所不同，电动车窗开关状态信息用传输速率为 20 kb/s 的 LIN 总线传输，驾驶员侧车门控制单元 J386 为 LIN 总线的主控单元（图 3），其余 3 个车门控制单元为从控单元。其控制原理如下（以前排乘客侧车门电动窗为例）：点火开关置于“ON”时 LIN 总线激活，驾驶员侧车门上的电动窗开关 E81 信号输入控制单元 J386，J386 识别后将信号经 LIN 总线传输到前排乘客侧车门控制单元 J387，J387 根据接收到的车窗升降指令控制前排乘客侧电动窗电动机 V148 动作。操作前排乘客侧电动窗控制开关 E107 时，J387 作为从控单元识别到 E107 开关信号的输入，直接控制 V148 动作。

<table>
<tr>
<td>故障现象：一辆2006年产POLO劲取1.6 L自动挡轿车，行驶里程2.4万km，用户反映除驾驶员侧车门外，其余车门电动车窗不能控制</td>
<td>
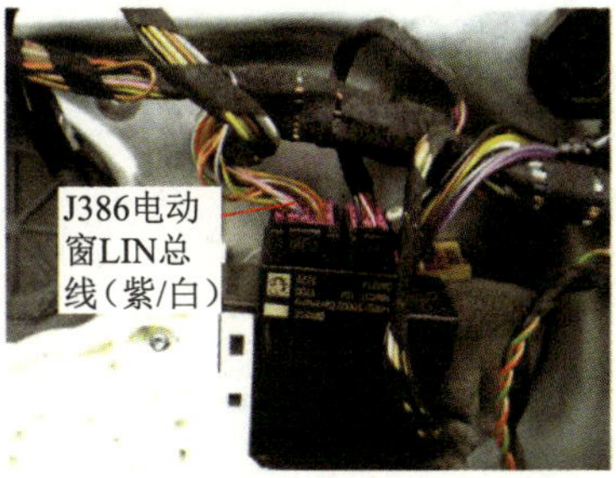

图3　驾驶员侧车门控制单元

因为每个车门控制单元都有各自的熔断丝保护，3个车门控制单元同时断电的可能性很小，所以故障原因中可以排除供电故障。根据故障现象分析，与4个车门控制单元都有关的LIN总线存在问题的可能性最大。遵循这一思路，决定先检查前排乘客侧车门控制单元J387与驾驶员侧车门控制单元J386之间的LIN总线线路。用万用表测量J387线束侧插接器T8ak/3端子与J386线束侧插接器T8aj/3端子间电阻，显示无穷大，表明J386与J387之间的LIN总线处于断开状态。由图4可知，J386的LIN总线经左A柱插接器的T21/20端子分别与J387、J388和J389连接，脱开该插接器观察，LIN总线所在的T21/20端子被腐蚀，折断的插针残留在对应的插孔内。由于车门部分的LIN总线失效，而作为从控单元的其余3个车门的控制单元又不能单独工作，所以出现了上述故障现象。

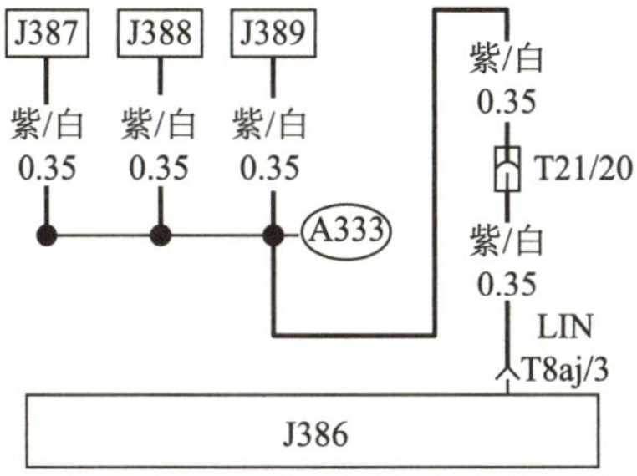

图4　J386电路

故障排除：使用大众VAS1978线束修理箱更换左A柱T21/20端子的导线，装复插接器，试验所有车门的电动车窗全部恢复正常
</td>
<td>更多案例</td>
<td></td>
</tr>
</table>

任务工单

学习项目一　任务工单 1.1

<table>
<tr><td>工作任务</td><td colspan="7">排除发动机不能正常起动故障——起动机不运转</td></tr>
<tr><td>姓名</td><td></td><td>学号</td><td></td><td>班级</td><td></td><td>日期</td><td></td></tr>
<tr><td colspan="8">车辆信息</td></tr>
<tr><td>车型</td><td></td><td>生产年代</td><td></td><td>制造厂</td><td colspan="3"></td></tr>
<tr><td>VIN</td><td colspan="2"></td><td>发动机型号</td><td colspan="4"></td></tr>
<tr><td colspan="3">读取故障代码</td><td colspan="5">相关数据流</td></tr>
<tr><td colspan="3"></td><td colspan="5"></td></tr>
<tr><td colspan="8">故障诊断</td></tr>
<tr><td>检测内容</td><td colspan="2">检测数据</td><td colspan="5">检测结果</td></tr>
<tr><td></td><td colspan="2"></td><td colspan="5"></td></tr>
<tr><td></td><td colspan="2"></td><td colspan="5"></td></tr>
<tr><td></td><td colspan="2"></td><td colspan="5"></td></tr>
<tr><td></td><td colspan="2"></td><td colspan="5"></td></tr>
<tr><td></td><td colspan="2"></td><td colspan="5"></td></tr>
<tr><td colspan="8">故障排除</td></tr>
<tr><td colspan="8"></td></tr>
<tr><td colspan="8">评估</td></tr>
<tr><td colspan="8">教师签字：</td></tr>
</table>

学习项目一　任务工单 1.2

<table>
<tr><td>工作任务</td><td colspan="7">排除发动机不能正常起动故障——起动机运转无着火征兆</td></tr>
<tr><td>姓名</td><td></td><td>学号</td><td></td><td>班级</td><td></td><td>日期</td><td></td></tr>
<tr><td colspan="8">车辆信息</td></tr>
<tr><td>车型</td><td></td><td>生产年代</td><td></td><td>制造厂</td><td colspan="3"></td></tr>
<tr><td>VIN</td><td colspan="3"></td><td>发动机型号</td><td colspan="3"></td></tr>
<tr><td colspan="3">读取故障代码</td><td colspan="5">相关数据流</td></tr>
<tr><td colspan="3"></td><td colspan="5"></td></tr>
<tr><td colspan="8">故障诊断</td></tr>
<tr><td>检测内容</td><td colspan="3">检测数据</td><td colspan="4">检测结果</td></tr>
<tr><td></td><td colspan="3"></td><td colspan="4"></td></tr>
<tr><td></td><td colspan="3"></td><td colspan="4"></td></tr>
<tr><td></td><td colspan="3"></td><td colspan="4"></td></tr>
<tr><td></td><td colspan="3"></td><td colspan="4"></td></tr>
<tr><td></td><td colspan="3"></td><td colspan="4"></td></tr>
<tr><td></td><td colspan="3"></td><td colspan="4"></td></tr>
<tr><td colspan="8">故障排除</td></tr>
<tr><td colspan="8"></td></tr>
<tr><td colspan="8">评估</td></tr>
<tr><td colspan="8">教师签字：</td></tr>
</table>

学习项目一　任务工单 1.3

<table>
<tr><td>工作任务</td><td colspan="7">排除发动机不能正常起动故障——起动机运转有着火征兆</td></tr>
<tr><td>姓名</td><td></td><td>学号</td><td></td><td>班级</td><td></td><td>日期</td><td></td></tr>
<tr><td colspan="8">车辆信息</td></tr>
<tr><td>车型</td><td colspan="2"></td><td>生产年代</td><td></td><td>制造厂</td><td colspan="2"></td></tr>
<tr><td>VIN</td><td colspan="3"></td><td>发动机型号</td><td colspan="3"></td></tr>
<tr><td colspan="3">2. 读取故障代码</td><td colspan="5">相关数据流</td></tr>
<tr><td colspan="3"></td><td colspan="5"></td></tr>
<tr><td colspan="8">故障诊断</td></tr>
<tr><td colspan="2">检测内容</td><td colspan="2">检测数据</td><td colspan="4">检测结果</td></tr>
<tr><td colspan="2"></td><td colspan="2"></td><td colspan="4"></td></tr>
<tr><td colspan="2"></td><td colspan="2"></td><td colspan="4"></td></tr>
<tr><td colspan="2"></td><td colspan="2"></td><td colspan="4"></td></tr>
<tr><td colspan="2"></td><td colspan="2"></td><td colspan="4"></td></tr>
<tr><td colspan="2"></td><td colspan="2"></td><td colspan="4"></td></tr>
<tr><td colspan="2"></td><td colspan="2"></td><td colspan="4"></td></tr>
<tr><td colspan="8">故障排除</td></tr>
<tr><td colspan="8"></td></tr>
<tr><td colspan="8">评估</td></tr>
<tr><td colspan="8">教师签字：</td></tr>
</table>

学习项目一　任务工单 2.1

<table>
<tr><td>工作任务</td><td colspan="7">排除发动机怠速运转不良故障——怠速不稳</td></tr>
<tr><td>姓名</td><td></td><td>学号</td><td></td><td>班级</td><td></td><td>日期</td><td></td></tr>
<tr><td colspan="8">车辆信息</td></tr>
<tr><td>车型</td><td colspan="2"></td><td>生产年代</td><td></td><td>制造厂</td><td colspan="2"></td></tr>
<tr><td>VIN</td><td colspan="3"></td><td>发动机型号</td><td colspan="3"></td></tr>
<tr><td colspan="3">读取故障代码</td><td colspan="5">相关数据流</td></tr>
<tr><td colspan="3"></td><td colspan="5"></td></tr>
<tr><td colspan="8">故障诊断</td></tr>
<tr><td>检测内容</td><td colspan="3">检测数据</td><td colspan="4">检测结果</td></tr>
<tr><td></td><td colspan="3"></td><td colspan="4"></td></tr>
<tr><td></td><td colspan="3"></td><td colspan="4"></td></tr>
<tr><td></td><td colspan="3"></td><td colspan="4"></td></tr>
<tr><td></td><td colspan="3"></td><td colspan="4"></td></tr>
<tr><td></td><td colspan="3"></td><td colspan="4"></td></tr>
<tr><td></td><td colspan="3"></td><td colspan="4"></td></tr>
<tr><td colspan="8">故障排除</td></tr>
<tr><td colspan="8"></td></tr>
<tr><td colspan="8">评估</td></tr>
<tr><td colspan="8">教师签字：</td></tr>
</table>

学习项目一　任务工单 2.2

工作任务	排除发动机怠速运转不良故障——怠速过低						
姓名		学号		班级		日期	
车辆信息							
车型		生产年代		制造厂			
VIN		发动机型号					
读取故障代码		相关数据流					
故障诊断							
检测内容	检测数据	检测结果					
故障排除							
评估							
教师签字：							

学习项目一　任务工单 2.3

<table>
<tr><td>工作任务</td><td colspan="7">排除发动机怠速运转不良故障——怠速过高</td></tr>
<tr><td>姓名</td><td></td><td>学号</td><td></td><td>班级</td><td></td><td>日期</td><td></td></tr>
<tr><td colspan="8">车辆信息</td></tr>
<tr><td>车型</td><td colspan="2"></td><td>生产年代</td><td></td><td>制造厂</td><td colspan="2"></td></tr>
<tr><td>VIN</td><td colspan="3"></td><td>发动机型号</td><td colspan="3"></td></tr>
<tr><td colspan="3">读取故障代码</td><td colspan="5">相关数据流</td></tr>
<tr><td colspan="3"></td><td colspan="5"></td></tr>
<tr><td colspan="8">故障诊断</td></tr>
<tr><td>检测内容</td><td colspan="3">检测数据</td><td colspan="4">检测结果</td></tr>
<tr><td></td><td colspan="3"></td><td colspan="4"></td></tr>
<tr><td></td><td colspan="3"></td><td colspan="4"></td></tr>
<tr><td></td><td colspan="3"></td><td colspan="4"></td></tr>
<tr><td></td><td colspan="3"></td><td colspan="4"></td></tr>
<tr><td></td><td colspan="3"></td><td colspan="4"></td></tr>
<tr><td></td><td colspan="3"></td><td colspan="4"></td></tr>
<tr><td colspan="8">故障排除</td></tr>
<tr><td colspan="8"></td></tr>
<tr><td colspan="8">评估</td></tr>
<tr><td colspan="8">教师签字：</td></tr>
</table>

学习项目一　任务工单 3

工作任务	排除发动机冒黑烟及“放炮”故障						
姓名		学号		班级		日期	

车辆信息					
车型		生产年代		制造厂	
VIN			发动机型号		

读取故障代码	相关数据流

故障诊断		
检测内容	检测数据	检测结果

故障排除

评估
教师签字：

学习项目一　任务工单 4

工作任务	排除发动机功率下降故障						
姓名		学号		班级		日期	

车辆信息					
车型		生产年代		制造厂	
VIN			发动机型号		

读取故障代码	相关数据流

故障诊断		
检测内容	检测数据	检测结果

故障排除

评估
教师签字：

学习项目一　任务工单 5.1

<table>
<tr><td>工作任务</td><td colspan="7">排除发动机异响故障——爆震异响</td></tr>
<tr><td>姓名</td><td></td><td>学号</td><td></td><td>班级</td><td></td><td>日期</td><td></td></tr>
<tr><td colspan="8">车辆信息</td></tr>
<tr><td>车型</td><td></td><td>生产年代</td><td></td><td>制造厂</td><td colspan="3"></td></tr>
<tr><td>VIN</td><td colspan="3"></td><td>发动机型号</td><td colspan="3"></td></tr>
<tr><td colspan="4">读取故障代码</td><td colspan="4">相关数据流</td></tr>
<tr><td colspan="4"></td><td colspan="4"></td></tr>
<tr><td colspan="8">故障诊断</td></tr>
<tr><td>检测内容</td><td colspan="3">检测数据</td><td colspan="4">检测结果</td></tr>
<tr><td></td><td colspan="3"></td><td colspan="4"></td></tr>
<tr><td></td><td colspan="3"></td><td colspan="4"></td></tr>
<tr><td></td><td colspan="3"></td><td colspan="4"></td></tr>
<tr><td></td><td colspan="3"></td><td colspan="4"></td></tr>
<tr><td></td><td colspan="3"></td><td colspan="4"></td></tr>
<tr><td></td><td colspan="3"></td><td colspan="4"></td></tr>
<tr><td colspan="8">故障排除</td></tr>
<tr><td colspan="8"></td></tr>
<tr><td colspan="8">评估</td></tr>
<tr><td colspan="8">教师签字：</td></tr>
</table>

学习项目一　任务工单 5.2

工作任务	排除发动机异响故障——正时链条异响						
姓名		学号		班级		日期	

车辆信息

车型		生产年代		制造厂	
VIN			发动机型号		

读取故障代码	相关数据流

故障诊断

检测内容	检测数据	检测结果

故障排除

评估

教师签字：

学习项目一　任务工单 5.3

工作任务	排除发动机异响故障——曲轴主轴承异响						
姓名		学号		班级		日期	
车辆信息							
车型		生产年代		制造厂			
VIN		发动机型号					

读取故障代码	相关数据流

故障诊断		
检测内容	检测数据	检测结果

故障排除

评估
教师签字：

学习项目二　任务工单 1

<table>
<tr><td>工作任务</td><td colspan="8">排除离合器打滑故障</td></tr>
<tr><td>姓名</td><td></td><td>学号</td><td></td><td>班级</td><td></td><td>日期</td><td colspan="2"></td></tr>
<tr><td colspan="9">车辆信息</td></tr>
<tr><td>车型</td><td colspan="2"></td><td>生产年代</td><td></td><td>制造厂</td><td colspan="3"></td></tr>
<tr><td>VIN</td><td colspan="3"></td><td>发动机型号</td><td colspan="4"></td></tr>
<tr><td colspan="9">根据故障现象判断可能的故障点</td></tr>
<tr><td colspan="9"></td></tr>
<tr><td colspan="9">故障诊断</td></tr>
<tr><td>检测内容</td><td colspan="3">检测数据</td><td colspan="5">检测结果</td></tr>
<tr><td></td><td colspan="3"></td><td colspan="5"></td></tr>
<tr><td></td><td colspan="3"></td><td colspan="5"></td></tr>
<tr><td></td><td colspan="3"></td><td colspan="5"></td></tr>
<tr><td></td><td colspan="3"></td><td colspan="5"></td></tr>
<tr><td></td><td colspan="3"></td><td colspan="5"></td></tr>
<tr><td></td><td colspan="3"></td><td colspan="5"></td></tr>
<tr><td colspan="9">故障排除</td></tr>
<tr><td colspan="9"></td></tr>
<tr><td colspan="9">评估</td></tr>
<tr><td colspan="9">教师签字：</td></tr>
</table>

学习项目二　任务工单 2

<table>
<tr><td>工作任务</td><td colspan="7">排除手动变速器换挡困难故障</td></tr>
<tr><td>姓名</td><td></td><td>学号</td><td></td><td>班级</td><td></td><td>日期</td><td></td></tr>
<tr><td colspan="8">车辆信息</td></tr>
<tr><td>车型</td><td></td><td>生产年代</td><td></td><td>制造厂</td><td colspan="3"></td></tr>
<tr><td>VIN</td><td colspan="2"></td><td>发动机型号</td><td colspan="4"></td></tr>
<tr><td colspan="8">根据故障现象判断可能的故障点</td></tr>
<tr><td colspan="8"></td></tr>
<tr><td colspan="8">故障诊断</td></tr>
<tr><td>检测内容</td><td colspan="3">检测数据</td><td colspan="4">检测结果</td></tr>
<tr><td></td><td colspan="3"></td><td colspan="4"></td></tr>
<tr><td></td><td colspan="3"></td><td colspan="4"></td></tr>
<tr><td></td><td colspan="3"></td><td colspan="4"></td></tr>
<tr><td></td><td colspan="3"></td><td colspan="4"></td></tr>
<tr><td></td><td colspan="3"></td><td colspan="4"></td></tr>
<tr><td></td><td colspan="3"></td><td colspan="4"></td></tr>
<tr><td></td><td colspan="3"></td><td colspan="4"></td></tr>
<tr><td colspan="8">故障排除</td></tr>
<tr><td colspan="8"></td></tr>
<tr><td colspan="8">评估</td></tr>
<tr><td colspan="8">教师签字：</td></tr>
</table>

学习项目二　任务工单 3

<table>
<tr><td>工作任务</td><td colspan="7">排除自动变速器不能升挡故障</td></tr>
<tr><td>姓名</td><td></td><td>学号</td><td></td><td>班级</td><td></td><td>日期</td><td></td></tr>
<tr><td colspan="8">车辆信息</td></tr>
<tr><td>车型</td><td colspan="2"></td><td>生产年代</td><td></td><td>制造厂</td><td colspan="2"></td></tr>
<tr><td>VIN</td><td colspan="3"></td><td>发动机型号</td><td colspan="3"></td></tr>
<tr><td colspan="8">根据故障现象判断可能的故障点</td></tr>
<tr><td colspan="8"></td></tr>
<tr><td colspan="8">故障诊断</td></tr>
<tr><td>检测内容</td><td colspan="3">检测数据</td><td colspan="4">检测结果</td></tr>
<tr><td></td><td colspan="3"></td><td colspan="4"></td></tr>
<tr><td></td><td colspan="3"></td><td colspan="4"></td></tr>
<tr><td></td><td colspan="3"></td><td colspan="4"></td></tr>
<tr><td></td><td colspan="3"></td><td colspan="4"></td></tr>
<tr><td></td><td colspan="3"></td><td colspan="4"></td></tr>
<tr><td></td><td colspan="3"></td><td colspan="4"></td></tr>
<tr><td></td><td colspan="3"></td><td colspan="4"></td></tr>
<tr><td colspan="8">故障排除</td></tr>
<tr><td colspan="8"></td></tr>
<tr><td colspan="8">评估</td></tr>
<tr><td colspan="8">教师签字：</td></tr>
</table>

学习项目二　任务工单 4

<table>
<tr><td>工作任务</td><td colspan="7">排除自动变速器换挡冲击故障</td></tr>
<tr><td>姓名</td><td></td><td>学号</td><td></td><td>班级</td><td></td><td>日期</td><td></td></tr>
<tr><td colspan="8">车辆信息</td></tr>
<tr><td>车型</td><td colspan="2"></td><td>生产年代</td><td></td><td>制造厂</td><td colspan="2"></td></tr>
<tr><td>VIN</td><td colspan="3"></td><td>发动机型号</td><td colspan="3"></td></tr>
<tr><td colspan="8">根据故障现象判断可能的故障点</td></tr>
<tr><td colspan="8"></td></tr>
<tr><td colspan="8">故障诊断</td></tr>
<tr><td>检测内容</td><td colspan="3">检测数据</td><td colspan="4">检测结果</td></tr>
<tr><td></td><td colspan="3"></td><td colspan="4"></td></tr>
<tr><td></td><td colspan="3"></td><td colspan="4"></td></tr>
<tr><td></td><td colspan="3"></td><td colspan="4"></td></tr>
<tr><td></td><td colspan="3"></td><td colspan="4"></td></tr>
<tr><td></td><td colspan="3"></td><td colspan="4"></td></tr>
<tr><td></td><td colspan="3"></td><td colspan="4"></td></tr>
<tr><td></td><td colspan="3"></td><td colspan="4"></td></tr>
<tr><td colspan="8">故障排除</td></tr>
<tr><td colspan="8"></td></tr>
<tr><td colspan="8">评估</td></tr>
<tr><td colspan="8">教师签字：</td></tr>
</table>

学习项目二　任务工单 5

工作任务	排除四轮驱动转弯制动故障						
姓名		学号		班级		日期	
车辆信息							
车型		生产年代		制造厂			
VIN			发动机型号				
根据故障现象判断可能的故障点							
故障诊断							
检测内容	检测数据		检测结果				
故障排除							
评估							
教师签字：							

学习项目三　任务工单 1

<table>
<tr><td>工作任务</td><td colspan="7">排除汽车转向沉重故障</td></tr>
<tr><td>姓名</td><td></td><td>学号</td><td></td><td>班级</td><td></td><td>日期</td><td></td></tr>
<tr><td colspan="8">车辆信息</td></tr>
<tr><td>车型</td><td></td><td>生产年代</td><td></td><td>制造厂</td><td colspan="3"></td></tr>
<tr><td>VIN</td><td colspan="2"></td><td>发动机型号</td><td colspan="4"></td></tr>
<tr><td colspan="8">根据故障现象判断可能的故障点</td></tr>
<tr><td colspan="8"></td></tr>
<tr><td colspan="8">故障诊断</td></tr>
<tr><td>检测内容</td><td colspan="3">检测数据</td><td colspan="4">检测结果</td></tr>
<tr><td></td><td colspan="3"></td><td colspan="4"></td></tr>
<tr><td></td><td colspan="3"></td><td colspan="4"></td></tr>
<tr><td></td><td colspan="3"></td><td colspan="4"></td></tr>
<tr><td></td><td colspan="3"></td><td colspan="4"></td></tr>
<tr><td></td><td colspan="3"></td><td colspan="4"></td></tr>
<tr><td colspan="8">故障排除</td></tr>
<tr><td colspan="8"></td></tr>
<tr><td colspan="8">评估</td></tr>
<tr><td colspan="8">教师签字：</td></tr>
</table>

学习项目三　任务工单 2

<table>
<tr><td>工作任务</td><td colspan="7">排除汽车自动跑偏及侧滑故障</td></tr>
<tr><td>姓名</td><td></td><td>学号</td><td></td><td>班级</td><td></td><td>日期</td><td></td></tr>
<tr><td colspan="8">车辆信息</td></tr>
<tr><td>车型</td><td></td><td>生产年代</td><td></td><td>制造厂</td><td colspan="3"></td></tr>
<tr><td>VIN</td><td colspan="2"></td><td>发动机型号</td><td colspan="4"></td></tr>
<tr><td colspan="8">根据故障现象判断可能的故障点</td></tr>
<tr><td colspan="8"></td></tr>
<tr><td colspan="8">故障诊断</td></tr>
<tr><td>检测内容</td><td colspan="3">检测数据</td><td colspan="4">检测结果</td></tr>
<tr><td></td><td colspan="3"></td><td colspan="4"></td></tr>
<tr><td></td><td colspan="3"></td><td colspan="4"></td></tr>
<tr><td></td><td colspan="3"></td><td colspan="4"></td></tr>
<tr><td></td><td colspan="3"></td><td colspan="4"></td></tr>
<tr><td></td><td colspan="3"></td><td colspan="4"></td></tr>
<tr><td></td><td colspan="3"></td><td colspan="4"></td></tr>
<tr><td colspan="8">故障排除</td></tr>
<tr><td colspan="8"></td></tr>
<tr><td colspan="8">评估</td></tr>
<tr><td colspan="8">教师签字：</td></tr>
</table>

学习项目三 任务工单 3

<table>
<tr><td>工作任务</td><td colspan="7">排除汽车轮胎异常磨损故障</td></tr>
<tr><td>姓名</td><td></td><td>学号</td><td></td><td>班级</td><td></td><td>日期</td><td></td></tr>
<tr><td colspan="8">车辆信息</td></tr>
<tr><td>车型</td><td></td><td>生产年代</td><td></td><td>制造厂</td><td colspan="3"></td></tr>
<tr><td>VIN</td><td colspan="3"></td><td>发动机型号</td><td colspan="3"></td></tr>
<tr><td colspan="8">根据故障现象判断可能的故障点</td></tr>
<tr><td colspan="8"></td></tr>
<tr><td colspan="8">故障诊断</td></tr>
<tr><td>检测内容</td><td colspan="3">检测数据</td><td colspan="4">检测结果</td></tr>
<tr><td></td><td colspan="3"></td><td colspan="4"></td></tr>
<tr><td></td><td colspan="3"></td><td colspan="4"></td></tr>
<tr><td></td><td colspan="3"></td><td colspan="4"></td></tr>
<tr><td></td><td colspan="3"></td><td colspan="4"></td></tr>
<tr><td></td><td colspan="3"></td><td colspan="4"></td></tr>
<tr><td colspan="8">故障排除</td></tr>
<tr><td colspan="8"></td></tr>
<tr><td colspan="8">评估</td></tr>
<tr><td colspan="8">教师签字：</td></tr>
</table>

学习项目三　任务工单 4

<table>
<tr><td>工作任务</td><td colspan="7">排除汽车主动悬架故障</td></tr>
<tr><td>姓名</td><td></td><td>学号</td><td></td><td>班级</td><td></td><td>日期</td><td></td></tr>
<tr><td colspan="8">车辆信息</td></tr>
<tr><td>车型</td><td></td><td>生产年代</td><td></td><td>制造厂</td><td colspan="3"></td></tr>
<tr><td>VIN</td><td colspan="2"></td><td>发动机型号</td><td colspan="4"></td></tr>
<tr><td colspan="8">根据故障现象判断可能的故障点</td></tr>
<tr><td colspan="8"></td></tr>
<tr><td colspan="8">故障诊断</td></tr>
<tr><td>检测内容</td><td colspan="3">检测数据</td><td colspan="4">检测结果</td></tr>
<tr><td></td><td colspan="3"></td><td colspan="4"></td></tr>
<tr><td></td><td colspan="3"></td><td colspan="4"></td></tr>
<tr><td></td><td colspan="3"></td><td colspan="4"></td></tr>
<tr><td></td><td colspan="3"></td><td colspan="4"></td></tr>
<tr><td colspan="8">故障排除</td></tr>
<tr><td colspan="8"></td></tr>
<tr><td colspan="8">评估</td></tr>
<tr><td colspan="8">教师签字：</td></tr>
</table>

学习项目四　任务工单 1

<table>
<tr><td>工作任务</td><td colspan="7">排除汽车制动不灵故障</td></tr>
<tr><td>姓名</td><td></td><td>学号</td><td></td><td>班级</td><td></td><td>日期</td><td></td></tr>
<tr><td colspan="8">车辆信息</td></tr>
<tr><td>车型</td><td colspan="2"></td><td>生产年代</td><td></td><td>制造厂</td><td colspan="2"></td></tr>
<tr><td>VIN</td><td colspan="3"></td><td>发动机型号</td><td colspan="3"></td></tr>
<tr><td colspan="8">根据故障现象判断可能的故障点</td></tr>
<tr><td colspan="8"></td></tr>
<tr><td colspan="8">故障诊断</td></tr>
<tr><td>检测内容</td><td colspan="3">检测数据</td><td colspan="4">检测结果</td></tr>
<tr><td></td><td colspan="3"></td><td colspan="4"></td></tr>
<tr><td></td><td colspan="3"></td><td colspan="4"></td></tr>
<tr><td></td><td colspan="3"></td><td colspan="4"></td></tr>
<tr><td></td><td colspan="3"></td><td colspan="4"></td></tr>
<tr><td colspan="8">故障排除</td></tr>
<tr><td colspan="8"></td></tr>
<tr><td colspan="8">评估</td></tr>
<tr><td colspan="8">教师签字：</td></tr>
</table>

学习项目四　任务工单 2

<table>
<tr><td>工作任务</td><td colspan="7">排除汽车制动跑偏故障</td></tr>
<tr><td>姓名</td><td></td><td>学号</td><td></td><td>班级</td><td></td><td>日期</td><td></td></tr>
<tr><td colspan="8">车辆信息</td></tr>
<tr><td>车型</td><td></td><td>生产年代</td><td></td><td>制造厂</td><td colspan="3"></td></tr>
<tr><td>VIN</td><td colspan="3"></td><td>发动机型号</td><td colspan="3"></td></tr>
<tr><td colspan="8">根据故障现象判断可能的故障点</td></tr>
<tr><td colspan="8"></td></tr>
<tr><td colspan="8">故障诊断</td></tr>
<tr><td>检测内容</td><td colspan="3">检测数据</td><td colspan="4">检测结果</td></tr>
<tr><td></td><td colspan="3"></td><td colspan="4"></td></tr>
<tr><td></td><td colspan="3"></td><td colspan="4"></td></tr>
<tr><td></td><td colspan="3"></td><td colspan="4"></td></tr>
<tr><td colspan="8">故障排除</td></tr>
<tr><td colspan="8"></td></tr>
<tr><td colspan="8">评估</td></tr>
<tr><td colspan="8">教师签字：</td></tr>
</table>

学习项目四　任务工单 3.1

工作任务	排除 ABS、ESP 故障指示灯常亮—轮速传感器及线路故障						
姓名		学号		班级		日期	
车辆信息							
车型		生产年代		制造厂			
VIN		发动机型号					
读取故障代码		相关数据流					
故障诊断							
检测内容	检测数据	检测结果					
故障排除							
评估							
教师签字：							

学习项目四　任务工单 3.2

工作任务	排除 ESP 故障报警灯常亮—转向角度传感器及电路故障						
姓名		学号		班级		日期	
车辆信息							
车型		生产年代		制造厂			
VIN		发动机型号					
读取故障代码		相关数据流					
故障诊断							
检测内容	检测数据	检测结果					
故障排除							
评估							
教师签字：							

学习项目四　任务工单 3.3

工作任务	排除 ESP 警示灯闪亮，ESP 系统失效—横摆率传感器及电路故障						
姓名		学号		班级		日期	
车辆信息							
车型		生产年代		制造厂			
VIN		发动机型号					

读取故障代码	相关数据流

故障诊断		
检测内容	检测数据	检测结果

故障排除

评估
教师签字：

学习项目五　任务工单 1

<table>
<tr><td>工作任务</td><td colspan="7">排除蓄电池放电，车辆无法起动故障</td></tr>
<tr><td>姓名</td><td></td><td>学号</td><td></td><td>班级</td><td></td><td>日期</td><td></td></tr>
<tr><td colspan="8">车辆信息</td></tr>
<tr><td>车型</td><td colspan="2"></td><td>生产年代</td><td></td><td>制造厂</td><td colspan="2"></td></tr>
<tr><td>VIN</td><td colspan="3"></td><td>发动机型号</td><td colspan="3"></td></tr>
<tr><td colspan="3">读取故障代码</td><td colspan="5">相关数据流</td></tr>
<tr><td colspan="3"></td><td colspan="5"></td></tr>
<tr><td colspan="8">故障诊断</td></tr>
<tr><td>检测内容</td><td colspan="3">检测数据</td><td colspan="4">检测结果</td></tr>
<tr><td></td><td colspan="3"></td><td colspan="4"></td></tr>
<tr><td></td><td colspan="3"></td><td colspan="4"></td></tr>
<tr><td></td><td colspan="3"></td><td colspan="4"></td></tr>
<tr><td></td><td colspan="3"></td><td colspan="4"></td></tr>
<tr><td></td><td colspan="3"></td><td colspan="4"></td></tr>
<tr><td colspan="8">故障排除</td></tr>
<tr><td colspan="8"></td></tr>
<tr><td colspan="8">评估</td></tr>
<tr><td colspan="8">教师签字：</td></tr>
</table>

学习项目五　任务工单 2.1

工作任务	排除左、右前照灯远光不亮近光灯亮故障						
姓名		学号		班级		日期	

车辆信息					
车型		生产年代		制造厂	
VIN		发动机型号			

读取故障代码	相关数据流

故障诊断		
检测内容	检测数据	检测结果

故障排除

评估
教师签字：

学习项目五　任务工单 2.2

<table>
<tr><td>工作任务</td><td colspan="7">排除灯光报警警示灯点亮—右前辅助转向灯不亮故障</td></tr>
<tr><td>姓名</td><td></td><td>学号</td><td></td><td>班级</td><td></td><td>日期</td><td></td></tr>
<tr><td colspan="8">车辆信息</td></tr>
<tr><td>车型</td><td></td><td>生产年代</td><td></td><td>制造厂</td><td colspan="3"></td></tr>
<tr><td>VIN</td><td colspan="3"></td><td>发动机型号</td><td colspan="3"></td></tr>
<tr><td colspan="3">读取故障代码</td><td colspan="5">相关数据流</td></tr>
<tr><td colspan="3"></td><td colspan="5"></td></tr>
<tr><td colspan="8">故障诊断</td></tr>
<tr><td>检测内容</td><td colspan="3">检测数据</td><td colspan="4">检测结果</td></tr>
<tr><td></td><td colspan="3"></td><td colspan="4"></td></tr>
<tr><td></td><td colspan="3"></td><td colspan="4"></td></tr>
<tr><td></td><td colspan="3"></td><td colspan="4"></td></tr>
<tr><td></td><td colspan="3"></td><td colspan="4"></td></tr>
<tr><td></td><td colspan="3"></td><td colspan="4"></td></tr>
<tr><td></td><td colspan="3"></td><td colspan="4"></td></tr>
<tr><td colspan="8">故障排除</td></tr>
<tr><td colspan="8"></td></tr>
<tr><td colspan="8">评估</td></tr>
<tr><td colspan="8">教师签字：</td></tr>
</table>

学习项目五　任务工单 2.3

<table>
<tr><td>工作任务</td><td colspan="7">排除新车大灯无远光功能—转向开关故障</td></tr>
<tr><td>姓名</td><td></td><td>学号</td><td></td><td>班级</td><td></td><td>日期</td><td></td></tr>
<tr><td colspan="8">车辆信息</td></tr>
<tr><td>车型</td><td></td><td>生产年代</td><td></td><td>制造厂</td><td colspan="3"></td></tr>
<tr><td>VIN</td><td colspan="3"></td><td>发动机型号</td><td colspan="3"></td></tr>
<tr><td colspan="3">读取故障代码</td><td colspan="5">相关数据流</td></tr>
<tr><td colspan="3"></td><td colspan="5"></td></tr>
<tr><td colspan="8">故障诊断</td></tr>
<tr><td>检测内容</td><td colspan="3">检测数据</td><td colspan="4">检测结果</td></tr>
<tr><td></td><td colspan="3"></td><td colspan="4"></td></tr>
<tr><td></td><td colspan="3"></td><td colspan="4"></td></tr>
<tr><td></td><td colspan="3"></td><td colspan="4"></td></tr>
<tr><td></td><td colspan="3"></td><td colspan="4"></td></tr>
<tr><td></td><td colspan="3"></td><td colspan="4"></td></tr>
<tr><td></td><td colspan="3"></td><td colspan="4"></td></tr>
<tr><td colspan="8">故障排除</td></tr>
<tr><td colspan="8"></td></tr>
<tr><td colspan="8">评估</td></tr>
<tr><td colspan="8">教师签字：</td></tr>
</table>

学习项目五　任务工单 3.1

<table>
<tr><td>工作任务</td><td colspan="7">排除空调出风但不制冷故障</td></tr>
<tr><td>姓名</td><td></td><td>学号</td><td></td><td>班级</td><td></td><td>日期</td><td></td></tr>
<tr><td colspan="8">车辆信息</td></tr>
<tr><td>车型</td><td colspan="2"></td><td>生产年代</td><td></td><td>制造厂</td><td colspan="2"></td></tr>
<tr><td>VIN</td><td colspan="3"></td><td>发动机型号</td><td colspan="3"></td></tr>
<tr><td colspan="3">读取故障代码</td><td colspan="5">相关数据流</td></tr>
<tr><td colspan="3"></td><td colspan="5"></td></tr>
<tr><td colspan="8">故障诊断</td></tr>
<tr><td>检测内容</td><td colspan="3">检测数据</td><td colspan="4">检测结果</td></tr>
<tr><td></td><td colspan="3"></td><td colspan="4"></td></tr>
<tr><td></td><td colspan="3"></td><td colspan="4"></td></tr>
<tr><td></td><td colspan="3"></td><td colspan="4"></td></tr>
<tr><td></td><td colspan="3"></td><td colspan="4"></td></tr>
<tr><td></td><td colspan="3"></td><td colspan="4"></td></tr>
<tr><td colspan="8">故障排除</td></tr>
<tr><td colspan="8"></td></tr>
<tr><td colspan="8">评估</td></tr>
<tr><td colspan="8">教师签字：</td></tr>
</table>

学习项目五　任务工单 3.2

工作任务	排除空调制冷不足故障						
姓名		学号		班级		日期	

车辆信息

车型		生产年代		制造厂	
VIN			发动机型号		

读取故障代码	相关数据流

故障诊断

检测内容	检测数据	检测结果

故障排除

故障排除

评估

评估
教师签字：

学习项目五 任务工单 3.3

工作任务	排除空调无暖风故障						
姓名		学号		班级		日期	
车辆信息							
车型		生产年代			制造厂		
VIN			发动机型号				
读取故障代码		相关数据流					
故障诊断							
检测内容	检测数据		检测结果				
故障排除							
评估							
教师签字：							

学习项目五　任务工单 4.1

<table>
<tr><td colspan="2">工作任务</td><td colspan="6">排除左后车窗无法升降故障</td></tr>
<tr><td>姓名</td><td></td><td>学号</td><td></td><td>班级</td><td></td><td>日期</td><td></td></tr>
<tr><td colspan="8">车辆信息</td></tr>
<tr><td>车型</td><td colspan="2"></td><td>生产年代</td><td></td><td>制造厂</td><td colspan="2"></td></tr>
<tr><td>VIN</td><td colspan="3"></td><td>发动机型号</td><td colspan="3"></td></tr>
<tr><td colspan="3">读取故障代码</td><td colspan="5">相关数据流</td></tr>
<tr><td colspan="3"></td><td colspan="5"></td></tr>
<tr><td colspan="8">故障诊断</td></tr>
<tr><td colspan="2">检测内容</td><td colspan="3">检测数据</td><td colspan="3">检测结果</td></tr>
<tr><td colspan="2"></td><td colspan="3"></td><td colspan="3"></td></tr>
<tr><td colspan="2"></td><td colspan="3"></td><td colspan="3"></td></tr>
<tr><td colspan="2"></td><td colspan="3"></td><td colspan="3"></td></tr>
<tr><td colspan="2"></td><td colspan="3"></td><td colspan="3"></td></tr>
<tr><td colspan="2"></td><td colspan="3"></td><td colspan="3"></td></tr>
<tr><td colspan="8">故障排除</td></tr>
<tr><td colspan="8"></td></tr>
<tr><td colspan="8">评估</td></tr>
<tr><td colspan="8">教师签字：</td></tr>
</table>

学习项目五　任务工单 4.2

工作任务	排除主控开关无法控制左后车窗故障						
姓名		学号		班级		日期	
车辆信息							
车型		生产年代		制造厂			
VIN		发动机型号					
读取故障代码		相关数据流					
故障诊断							
检测内容	检测数据	检测结果					
故障排除							
评估							
教师签字：							

学习项目五　任务工单 4.3

<table>
<tr><td>工作任务</td><td colspan="8">排除主控开关能正常控制车窗，右后分开关无法控制右后车窗故障</td></tr>
<tr><td>姓名</td><td></td><td>学号</td><td></td><td>班级</td><td></td><td>日期</td><td></td></tr>
<tr><td colspan="8">车辆信息</td></tr>
<tr><td>车型</td><td></td><td>生产年代</td><td></td><td>制造厂</td><td></td></tr>
<tr><td>VIN</td><td></td><td>发动机型号</td><td></td></tr>
<tr><td colspan="3">读取故障代码</td><td colspan="5">相关数据流</td></tr>
<tr><td colspan="3"></td><td colspan="5"></td></tr>
<tr><td colspan="8">故障诊断</td></tr>
<tr><td>检测内容</td><td colspan="3">检测数据</td><td colspan="4">检测结果</td></tr>
<tr><td></td><td colspan="3"></td><td colspan="4"></td></tr>
<tr><td></td><td colspan="3"></td><td colspan="4"></td></tr>
<tr><td></td><td colspan="3"></td><td colspan="4"></td></tr>
<tr><td></td><td colspan="3"></td><td colspan="4"></td></tr>
<tr><td></td><td colspan="3"></td><td colspan="4"></td></tr>
<tr><td></td><td colspan="3"></td><td colspan="4"></td></tr>
<tr><td colspan="8">故障排除</td></tr>
<tr><td colspan="8"></td></tr>
<tr><td colspan="8">评估</td></tr>
<tr><td colspan="8">教师签字：</td></tr>
</table>

参考文献

[1] 曹德芳 . 汽车维修 [M]. 北京：人民交通出版社 ,1999.

[2] 王静文 . 汽车诊断与检测技术 [M]. 北京：人民交通出版社，1998.

[3] 王春华 . 汽车电气系统的故障诊断与维修 [J]. 汽车工程师，2014(4).

[4] 戈剑 , 杨维军 . 汽车发动机故障诊断的理论和方法 [J]. 轻工科技，2012(4).

[5] 王舒 , 张霁野 . 分析汽车底盘的故障诊断及其修理方法 [J]. 装备制造技术，2015(11).

[6] 张沈生 . 汽车维修技术的发展 [J]. 汽车维修，2002(6).

[7] 何细鹏 . 汽车电气系统间歇性故障的诊断与排除 [J]. 汽车维修，2016(3).

[8] 刘仲国 . 现代汽车故障与解码技术 [J]. 汽车维修技师，2000(10).

[9] 邵松明 . 汽车维修企业职工培训及改革探索 [J]. 汽车维护与修理，2003(1).

[10] 吴际璋 . 当代汽车电控系统结构原理与检修 [M]. 北京 : 人民交通出版社，2009.

[11] 吴兴敏 . 汽车检测与诊断技术 (第二版)[M]. 北京 : 中国人民大学出版社，2011.

[12] 司传胜 . 现代汽车检测与故障诊断技术 [M]. 北京 : 机械工业出版社，2013.